中国文化经纬

孔子和他的弟子们

高专诚 著

中国书籍出版社
China Book Press

图书在版编目(CIP)数据

孔子和他的弟子们 / 高专诚著. — 北京：中国书籍出版社, 2014.11
ISBN 978-7-5068-4547-2

Ⅰ. ①孔… Ⅱ. ①高… Ⅲ. ①孔丘(前551~前479)—人物研究 Ⅳ. ①B222.25

中国版本图书馆CIP数据核字（2014）第246883号

孔子和他的弟子们

高专诚　著

责任编辑	卢安然　李立云
责任印制	孙马飞　马　芝
封面设计	汉石美迪
出版发行	中国书籍出版社
地　　址	北京市丰台区三路居路97号（邮编：100073）
电　　话	（010）52257143（总编室）　　（010）52257140（发行部）
电子邮箱	chinabp@vip.sina.com
经　　销	全国新华书店
印　　刷	三河顺兴印务有限公司
开　　本	635毫米×970毫米　1/16
字　　数	110千字
印　　张	14.75
版　　次	2015年10月第1版　2015年10月第1次印刷
书　　号	978-7-5068-4547-2
定　　价	34.00元

版权所有　翻印必究

《中国文化经纬》系列丛书
编委会

顾问　汤一介　杨　辛　李学勤　庞　朴
　　　　王　尧　余敦康　孙长江　乐黛云

主编　王守常

编委　（按姓氏笔画为序）

　　　　王　平　王小甫　王守常　邓小楠
　　　　乐黛云　江　力　刘　东　许抗生
　　　　朱良志　孙尚扬　李中华　陈平原
　　　　陈　来　林梅村　徐天进　魏常海

总　序

二十世纪三十年代，陈寅恪先生在冯友兰《中国哲学史》下册的《审查报告》中说："窃疑中国自今日以后，即使能忠实输入北美或东欧之思想，其结局当亦等于玄奘唯识之学，在吾国思想史上既不能居最高之地位，且亦终归于歇绝者。其真能于思想上自成系统，有所创获者，必须一方面吸收输入外来之学说，一方面不忘本来民族之地位。此二种相反而适相成之态度，乃道教之真精神，新儒家之旧途径，而二千年吾民族与他民族思想接触史之所昭示者也。"今天读陈先生的话，感慨良多。先生所言之义：佛教传入中国，其教义与中国思想观念制度无一不相冲突。然印度佛教在近千年的传播过程中不断调适，亦经国人改造接受，终成中国之佛教。这足以告知我们外来思想与中国本土思想能够融合、始相反终相成之原因，在于"必须一方面吸收输入外来之学说，一方面不忘本来民族之地位"。这就是我们经常讲的,当下中国文化必须"返本开新"。如有其例外者,则是"忠实输入不改本来面目者,若玄奘唯识之学,虽震荡一时之人心,而卒归于消沉歇绝"。

  我以为近代中国落后于西方,不应简单视为文化落后,而是二千多年的农业文明在十八世纪已经无法比肩欧洲工业文明之生产效率与市场资源的合理配置,由此社会政治、国家管理制度也纰漏丛生。由是而观当下之中国,体制改革刻不容缓,而从五四时代以来的文化批判也需深刻反思。启蒙运动对传统文化的批评固然有时代需求,未经理性拷问的传统文化无法随时代而重生。但"五四运动"的先贤们也犯了"理性科学的傲慢",他们认为旧的都是糟粕,新的都是精华,以二元对立的思考将传统与现代对峙而观,无视传统文化在代际之间促成了代与代的连续性与同一性,从而形成了一个社会再创造自己的文化基因。美国学者席尔思写了一部书《论传统》,他说:传统是围绕人类的不同活动领域而形成的代代相传的行为方式,是一种对社会行为具有规范作用和道德感召力的文化力量,同时也是人

总序

类在历史长河中的创造性想象的沉淀。因而一个社会不可能完全排除其传统，不可能一切从头开始或完全取而代之以新的传统，而只能在旧传统的基础上对其进行创造性的改造。此言至矣！传统与现代不应仅在时间序列上划分，在文化传承上可理解为"传统"是江河之源，而"现代"则是江河之流。"现代"对"传统"的理性诠释，使"传统"在"现代"得以重生。由此，以"同情的敬意"理解自己民族的文化传统是当下中国的应有之义，任何历史文化的虚无主义都要彻底摒弃。从"五四"先行者到今天的一些名士，他们对传统文化进行激烈批判，却也无法摆脱传统文化对自己的思维方式和价值观念的影响。这样的事实岂可漠视。

这套《中国文化经纬》丛书是在1993年刊行的《神州文化集成》丛书的基础上重新选目、修订而成。自那时到今天，持续多年的"文化热"、"国学热"，昭示着国人对自己民族文化的认同还处在进行时。文化决定了一个民族的性格，民族性格决定了一个民族的命运。中国文化书院成立至今已有30年了，书院同仁矢志不移地秉承着"让世界文化走进中国,让中国文化走向世界"之宗旨,不负时代的责任与担当。此次与中国书籍出版社合作出版这套丛书,期盼能在民族文化的自觉、自信、自强上有新的贡献。

王守常

2014 年 12 月 8 日

于北京大学治贝子园

目　录

总序 ·· 1

绪言 ·· 1

第一章　十有五而志于学——少年立志 ······················ 1

　　第一节　前辈的遗产 ·· 1

　　第二节　少年立志 ·· 4

　　第三节　年轻的求索者 ··· 9

第二章　三十而立——行教之始 ··································· 14

　　第一节　而立之年 ·· 14

　　第二节　孔子早期的行教 ··· 17

　　第三节　孔子之教初探 ··· 22

　　第四节　游历求仕的尝试 ··· 33

第三章　四十而不惑——师生切磋 ······························· 42

　　第一节　不惑之年的政治观念 ·································· 42

第二节　自齐归鲁后的思想文化活动 …………… 45
　　　第三节　孔子行教再探 …………………………… 50
　　　第四节　不仕的考验 ……………………………… 57
　　　第五节　孔门中的德行弟子 ……………………… 60

第四章　五十而知天命——共同的政治求索 …………… 74
　　　第一节　短暂的从政辉煌 ………………………… 74
　　　第二节　五十而知天命的积极意义 ……………… 85
　　　第三节　前期流亡生涯中的追求 ………………… 90
　　　第四节　政事弟子在孔门中的地位 ……………… 95
　　　第五节　孔门的任侠弟子 ………………………… 112
　　　第六节　孔子政治思想之不足 …………………… 117

第五章　六十而耳顺——从希望到失望 ………………… 123
　　　第一节　流亡生涯的后期 ………………………… 123
　　　第二节　天命观念的消极转变 …………………… 127
　　　第三节　六十耳顺 ………………………………… 130
　　　第四节　曾子、有子的思想贡献 ………………… 135
　　　第五节　孔门中的激进倾向 ……………………… 149

第六章　七十而从心所欲不逾矩——失败与荣耀 ……… 157
　　　第一节　归鲁与不逾矩 …………………………… 157
　　　第二节　孔子的文化贡献 ………………………… 164

目　录

第三节　子游的思想特点 …………………… 169
第四节　子夏的学术成就 …………………… 174
第五节　"仲良氏之儒" ……………………… 182
第六节　孔子弟子的分化与"中庸"原则 ……… 183
第七节　生前的失败与身后的荣耀 …………… 191

孔子及孔子弟子年表 ………………………………… 200
出版后记……………………………………………… 213

绪　言

　　无论我们持有何种意向的褒贬之论，孔子无疑是影响中国乃至世界人类思想的伟大哲人。评论或评价他和他的弟子们的生平和业绩，既是我们的责任，又是对我们的考验。

　　古代许多伟人，当他们奋不顾身地为社会的苦难疾呼奔走时，世人不仅不能理解，甚至还会嗤之以鼻；但是，待世人受尽磨难而发现某位伟人的高明之时，他却早已离开了人世，而伴随他的只是数不清的演义和传奇。孔子便是这样的一位（某种意义上的）悲剧人物。他所处的春秋末年是个战乱的时代，如同当时及后来的许多知识分子一样，他以拨乱反正作为自己的终身追求。虽然在当时没有成功，但这并不妨碍他的政治人物的身份，也不妨碍他的思想影响，当然更不妨碍后人对他的利用。

　　大凡真正的思想大师，他们所有阐述的中心思想其实是十分简明的,并不像许多人认定的那样繁复驳杂。有时他们不得不用许多方式,从许多方面,用艰深的语言来阐释并竭力使之付诸实施,这不过是要面对他的各种各样的弟子、思想上的敌手、或者是防止简明的中心思想可能产生的流弊甚至被误解。孔子无疑也是这样的一位大师,这便在一定程度上为后继者留下了很大的困难。有些人要为他建立完整的思想体系,有些人强调他某一思想的此时表达而忽视或否认彼时的说明,等等。今天,当我们试图全面理解孔子和他的弟子们的思想时也遇到了类似的困难。

有幸的是,尽管困难重重,我们还是找到了一些共识,这些共识为我们了解孔子和他的弟子们的生平和思想打下了坚实的基础。孔子晚年曾自我总结道:"吾十有五而志于学,三十而立,四十而不惑,五十而知天命,六十而耳顺,七十而从心所欲不逾矩。"[①]这是关于孔子生平和思想发展的最可靠的依据。其他任何史料和研究成果,自然要与此相适应。孔子论及弟子们的成就时又说:"德行:颜渊、闵子骞、冉伯牛、仲弓;言语:宰我、子贡;政事:冉有、季路;文学:

---

① 《论语·为政》。

子游、子夏。"①这为我们了解孔子弟子在孔学中的地位和思想成就指明了基本方向。所以,当有些人认为曾子和子思为孔学的独一无二的传承人时,我们是不能赞成的;而当另一些人讲述先秦儒学时只讲孔、孟、荀三子而避口不谈他们之间的学术桥梁时,我们更是不能赞同的。

  毫无疑问,孔子是成型儒学的奠基人,儒学的宗师。但我们不要忘记,孔子弟子是孔子儒学最早的、最直接的和必不可少的学术传人;不容忽视的还有,是全体的孔子弟子,而不是其中的一二人传递了孔子儒学。同时,孔子弟子们自身的思想成就,亦足以使后人受益非浅。可以毫不夸张地讲,孔子和他的弟子们在儒学发展史上已凝结为一个整体——要理解孔子,必须要面对他呕心沥血培育的众多弟子,反之亦然。

---

① 《论语·先进》。

第一章
十有五而志于学

——少年立志

第一节 前辈的遗产

在传统中国，先辈们的所作所为，对一个人的影响是相当重要的，它不仅能使人明了其生存之渊源，甚至在很大程度上决定他一生的选择和追求，决定他的社会使命。孔子本人虽未有这方面的直接表述，但他对孝和忠的重视，肯定有这方面的蕴意。

不知是巧合还是必然，被后世儒者奉为"素王"的孔子竟是帝王之后，其世系排列如下：

殷天子——帝乙
　　　｜
宋国君——微子启

|
微仲
|
宋公稽
|
丁公申
|
湣公共
|
宋　卿——弗父何
|
宋父周
|
世子胜
|
正考父
|
孔父嘉
|
（迁鲁）木金父

第一章 十有五而志于学
——少年立志

```
       |
      睪夷
       |
  鲁防大夫——防叔
       |
      伯夏
       |
  鲁郰邑宰——叔梁纥
       |
      孔子
```

以上所列人物中，帝乙是商朝末数第二位天子，微子启是其长子，也是帝纣的庶兄，由于母亲出身贫贱，故不得嗣位。商亡后，周王封微子启于宋，续殷祀。后弗父何让位于弟厉公，自己一系为宋之公卿。其中正考父曾是宋戴公、武公、宣公三世的佐臣，《国语·鲁语》又言其"作《商颂》十二篇"，可以说是孔子先辈中的杰出人物之一。孔父嘉官至司马，因内乱身亡，其子被迫迁鲁，以后的三代人仅见于《孔子家语》，详情不知。而至孔子的曾祖防叔时，孔氏又开始在鲁国从政了。

现存的典籍中鲜有孔子明言其祖上的记载。孔子后半生曾多次逗留于宋，显然他对祖上的情况不可能一无所知的。很可能是因为他那时自居布衣，不愿多提祖先业绩；或许祖上迁鲁后的中衰使他有些丧气。但无论如何，祖上的地位、功绩，会不会成为他内心激励自己不断奋斗的精神动力之一呢？会不会是他竭力追求的主要目标呢？从孔子一生精进的实情来看，特别是从他前半生孜孜的政治追求来看，答案恐怕是肯定的。

第二节　少年立志

（一）出生·童年的磨难

孟子讲到杰出人物的成长经历时曾说过：

> 天将降大任于是人也，必先苦其心志，劳其筋骨，饿其体肤，空乏其身行，拂乱其所为，所以动心忍性，曾益其所不能。①

孟子的这一描述，大抵亦符合孔子的成长过程。虽然不

---

① 《孟子·告子章句下》。

第一章　十有五而志于学
——少年立志

能说早年的生活磨难一定可以造就伟才,但它有助于伟才之成长却是毫无疑问的。综览孔子的童年和少年时代,虽然种种史料之所述多有悖逆,但总的来讲是相当不幸的。根据司马迁的记载,叔梁纥与颜氏女"野合"[①]而生孔子。所谓"野合",是说二人的结合并没有举行当时正统的婚姻礼仪。

孔子出生地是鲁国鄹邑昌平乡(今山东省曲阜市东南尼山左近),时间是公元前五五一年(周灵王二十一年,鲁襄公二十二年)。[②]关于孔子的生年,聚讼千年,说法不一,我们颇赞成钱穆的论说:"今谓孔子生前一年或后一年,此仅属孔子私人之年寿,与世运之升降,史迹之转换,人物之进退,学术之流变,无足轻重如毫发。"[③]

孔子生地的附近有山曰尼丘,孔子又有兄长,所以取名丘,字仲尼。那时的人尊称有地位或有德行的人为"子",所以,"孔子"一名更见流行。

孔子的童年很不幸,父亲在他很小时就亡去,母亲颜氏[④]带他来到当时鲁国的都城曲阜,住在阙里。叔梁纥去世后孔

[①] 《史记·孔子世家》(以下简称《世家》)。
[②] 《世家》。
[③] 钱穆著《先秦诸子系年》,中华书局一九八五年十月第一版,第二页。
[④] 《孔子家语》云,名"征在"。

子与母亲的生活情形已无史料可证。颜氏是鲁国的望族，但在孔子生活的时代，已不属富贵阶层了，以贫居著称的孔子高足颜回就是其中的一员。显然，幼年的孔子虽有母在侧，但生活之艰辛却可想而知。孔子成年后曾自谓"吾少也贱，故多能鄙事"①，便可证明其年幼时的困顿生活了。

颜氏可能在孔子成人之前就亡故了，相信这对孔子的影响更大。成年后的孔子（至少从记载上看）从未提及自己的父母，这当中有种种可能，而最大的可能是父母均在他能够记事的年龄之前便已谢世。也有可能是，后亡的母亲极为普通，虽然生养了孔子，但并未给过他令人印象深刻的培养。当然，无论实情如何，立足于今天的我们，还是可以说颜氏称得上是位伟大的母亲，她不仅生养了孔子这样的伟人，还能在那样的逆境中孤儿寡母相依为命，并使孔子能在颜氏这样的大家族中得以成长。虽然这并不是个富有的家族，但历史悠长的家族中总会有些通晓世故、明于礼义的德高望重者怜悯这个聪颖的孤儿，教以书契礼仪，这都使他对传统文化有了不断深入的认识。

传统文化，毫无疑问地会使一些人背上沉重的包袱，窒

---

① 《论语·子罕》。

息了他们的创发性。但孔子却无疑属于既能遵循传统，又具有创发性的出类拔萃者。用他自己的话讲，叫作"好古"和"敏求"①，童年的孔子"为儿嬉戏，常陈俎豆，设礼容"②，既表现出了他的天赋，又表现出传统教育在他身上得到的回应。

（二）立志于学

晚年的孔子在回顾自己少年时代时曾坚定地说："吾十有五而志于学。"孔子又说："三军可夺帅也，匹夫不可夺志也。"③ 孟子也说过："羿之教人射，必志于彀；学者亦必志于彀。"④ 显然，志是属于人的内在部分的，是一种决断，一种认识上的境界，更重要的是决定一个人的思想行为的根基。

事实上，孔子一生之所为便是他"立志"于学的见证。他在晚年曾给自己下过一些评语，比如：

> 子曰："十室之邑，必有忠信如丘者焉，不如丘之好学也。"⑤

---

① 《论语·述而》。
② 《世家》。
③ 《论语·子罕》。
④ 《孟子·告子章句上》。
⑤ 《论语·公冶长》。

子曰："吾尝终日不食，终夜不寝，以思，无益，不如学也。"①

孔子认为自己是好学之人，这与他的少年立志是分不开的。在孔子的心目中，学，自然有学习典籍、礼仪等外在项目的含义，孔子讲"学而时习之"②，恐怕指的就是这方面的学。但是，学的更重要的一点，也是它的归宿处，是学伦常、学做人。孔子曾语重心长地对轻视学的弟子子路说：

好仁不好学，其蔽也愚；好知不好学，其蔽也荡；好信不好学，其蔽也贼；好直不好学，其蔽也绞；好勇不好学，其蔽也乱；好刚不好学，其蔽也狂。③

很显然，像"仁、知、信、直、勇、刚"等都是做人的基本要素，但这些要素倘无"学"的调节来贯穿其中，恐怕是流弊无穷的。这就是孔子为什么要把"学"作为人生之起步的原因所在了。

当然，十五岁左右的孔子可能尚未达到如此高深的认识，

---

① 《论语·卫灵公》。
② 《论语·学而》。
③ 《论语·阳货》。

但倘若离开他的"吾十有五而志于学",便很难想象孔子以后的作为。孔子的志于学,并不仅仅是说去学了,而是说,经过一定的学之后,他清楚地意识到了学将是他的立志所在,是伴随其一生的选择。

第三节 年轻的求索者

(一) 肩负使命

孔子说:"性相近,习相远。"[①]人生来虽具有相同的人的生物性,但不同的生长环境,却又赋予人不同的社会性,这才形成完整的人。作为一位政治家、哲人,孔子年轻时的"习"是多方面的。他自称"多能鄙事",根据《左传》和《孟子》的记载,这些所谓的鄙事,大抵是指他曾为鲁国的权臣季氏家族所做的管理仓库和牧养牲畜一类的普通劳动者所从事的劳作。[②]《世家》称孔子身长很高,用那时的长度单位去量是"九尺有六寸",所以人们呼他为"长人"。良好的体魄,诚实的为人,好学的精神,使他把上述两项事务都做

---

① 《论语·阳货》。
② 《孟子·万章下》:"(孟子曰)孔子尝为委吏矣,曰'会计当而已矣'。尝为乘田矣,曰'牛羊茁壮,长而已矣'。"

得很出色,特别是他的博识好礼,更是许多人缺乏的长处。但是,在权贵们的心目中,好学、诚实和肯干并没有什么价值,有价值的只有世袭的政治地位和特权。所以,有一次季氏招待士人,自以为也有士人身份的孔子兴冲冲地赶去时,却遭到了季氏家臣阳虎的驱逐:"季氏飨士,非敢飨子也。"①这对孔子的打击是相当沉重的,虽然结合他日后的言行来看,这也并不完全是件坏事。

虽然家道中衰,但孔子毕竟还是天子、国君之后。他是殷人之后,鲁国那时也是殷遗民的聚居地之一,孔子周围的殷之后人难免有种种复兴本族的议论。孔子本人有远大的志向,但政治势力的压迫却使他喘息艰难。他孜孜求学,而国家却为不学无术的僭臣所左右。以上种种,是否会激发出孔子由衷的为普天大众而整治天下的使命感与责任感呢?孔子一生的追求,对此作出了肯定的回答。因为只有这种使命感才会使他忍辱负重,精进不已,用孟子的话来讲,叫作"动心忍性"。

季氏、阳虎一类人的目中无人并未使孔子泄气,相反,这倒更坚定了他的选择,并开始有力地抨击新贵们的无知和无礼。《论语·八佾》载:

---

① 《世家》。

子入太庙，每事问。或曰："孰谓鄹人之子知礼乎？入太庙，每事问。"子闻之，曰："是礼也。"

这件事很可能就发生在孔子刚刚有些知名度的二十几岁。那"或曰"之"或"，大抵是季氏集团内的人，孔子语气十分肯定的"是礼也"的回答，它的实际含义是对无礼者的强烈抨击。"每事问"并不表示孔子的一无所知，而是孔子要有意确证"每事"是否合于礼，以此来告诫那些僭礼者，这与他后来提出的"正名"原则是一致的，也可以说是正名的起始。

这件事也充分证明了孔子的个性和博识，凭借这些，孔子不仅获得了内在的收益，而且也逐渐在社会上争得了应有的一席之地。

（二）求师郯子

孔子二十七岁时，郯子来访鲁国，《左传·昭公十七年》载云：

郯子来朝，公与之宴。昭子问焉，曰："少皞氏鸟名官，何故也？"郯子曰："吾祖也，我知之。"

接着郯子便讲述了上古官名的由来和沿革。年轻的孔子得知后很兴奋,觉得这样的博学识礼之士正是自己的良师,于是就去求见郯子,并随之学习。① 这是较可信的孔子的第一次投师。根据郯子言之于昭公的内容,孔子所学亦大抵不外乎古代政治制度方面的知识。孔子学后感叹道:"吾闻之,天子失官,学在四夷。犹信。"② 这说明,周天子权威日损,礼崩乐坏,官学入民的局面已非一日。孔子以事实慨叹道:

> 大师挚适齐,亚饭干适楚,三饭缭适蔡,四饭缺适秦,鼓方叔入于河,播鼗武入于汉,少师阳、击磬襄入于海。③

这些旧事恐怕就是这次求学的收获之一。但是,更重要的收获无疑是"学在四夷"给他的刺激。孔子后来以"士"的身份从事教育,无形中也否定了"官学"对文化的垄断。事实上,由于周王朝的衰落,学在四夷——礼乐典章散失民间,从而再不具有权威性的局面的出现是必然的,所以,问题的关键并不是学在官还是在四夷,而是它的价值和作用是否还能继

---

① 《左传·昭公十七年》。
② 同上。
③ 《论语·微子》。

续存在下去。从此意义上讲，也许学在官照样避免不了它的破败。然而，在孔子看来，学在四夷对传统文化的生存冲击更大。因此，孔子心情沉重地说："犹信。"——事情果真如此。可能是因为孔子恰巧生活在保存周礼最丰富的鲁国之故，所以他对传统文化的失落在年轻时就感受颇深。往昔文化体系的散落造成了社会的动荡。因此，孔子认为要稳定和发展社会，一定要造就对社会负有责任心的人才，另一方面还要回归传统文化的合理性，这就是"兴绝学"。而当孔子思想成熟之后，他便认为这种合理性已经找回，下一步就是去改造人了。

（三）个人生活

即将走出青年时代的孔子满脑子都是整治天下的雄图大略，但他的个人生活除了《孔子家语》所载的一些颇有争议的说法而外，我们几乎一无所知。《家语·车姓篇》云，孔子十九岁时娶宋之亓官氏女，次年生子。此种说法若可信，则孔子之妻应是宋人。孔子的儿子名鲤，字伯鱼，是孔子的亲人，也是孔子的学生。孔鲤先孔子而亡，所以也不存在传孔子之学的问题。且从《论语》记载的情形来看，他也算不上是孔子杰出的弟子。

第二章
三十而立
——行教之始

第一节 而立之年

(一) 评价子产,初论政治

孔子步入中年之时,天下的政治形势更加动荡无序,用司马迁的话来讲,就是:

> 是时也,晋平公淫,六卿擅权,东伐诸侯;楚灵王兵强,陵轹中国;齐大而近于鲁。鲁小弱,附于楚则晋怒,附于晋则楚来伐,不备于齐,齐师侵鲁。①

至于周王室,则更是走向朝不保夕的境地了。面对这种形势,

---

① 《世家》。

第二章 三十而立
——行教之始

孔子心中肯定萌发着要在政治上大干一番的想法，所以他对政治的兴趣亦明显地表露出来。郑国子产之政引发的孔子的议论证明了他的这一趋向。

子产是春秋时代著名的政治家，他执郑国之政二十余年而不败，显示出他极大的政治才干。鲁昭公二十年（前五二二年），子产向他的继任子大叔作了施政遗训：

> 我死，子必为政。唯有德者能以宽服民，其次莫如猛。夫火烈，民望而畏之，故鲜死焉；水懦弱，民狎而玩之，则多死焉，故宽难。[①]

但子大叔执政之后，不忍猛而用宽，结果是盗贼大起。子大叔悔而用猛，盗贼才少有收敛。对于这一政治事态，孔子明确地作出了大胆的评论，他说：

> 善哉！政宽则民慢，慢则纠之以猛。猛则民残，残则施之以宽。宽以济猛，猛以济宽，政是以和。[②]

---

① 《左传·昭公二十年》。
② 同上。

孔子和他的弟子们

当孔子听到子产去世的消息时，不禁怆然涕下："古之遗爱也。"① 称子产是有古风的仁爱之人，可见那时的孔子对子产的政治作为是十分景仰的。很显然，虽然孔子此时的政治主张与他晚年的思想并不完全一致，但他毕竟是有了自己的看法。也许孔子想成就一番子产的事业，在鲁国这样一个相似于郑国的地方施行"宽猛相济"的政治策略。这是孔子关心政事的开端。

就在同一年，齐国发生内乱，一位叫作宗鲁的勇士无谓地牺牲在其中，他在鲁国的好友琴张准备前去吊唁，孔子得知后劝阻道：

> 君子不食奸，不受乱，不为利疚于回，不以回待人，不盖不义，不犯非礼。②

我们在此且不论孔子对宗鲁之死的评价恰当与否，仅就孔子的这番议论而言，就足以看到孔子的思想已走向成熟了。他对"君子"的行为有着严格的要求，并提出了"义"、"礼"

---

① 《左传·昭公二十年》。
② 同上。

这些概念,确如他自己所言,三十岁的孔子,已经"立"起来了。

(二)"立"的含义

孔子无论是"志",还是"立",以至于"不惑"和"耳顺"等,都讲的是精神境界,即思想上的收获,而并非社会地位、名声和政治权力上的进阶。所以,孔子讲"三十而立",是强调他在思想上已经能够自立,能独立判断、全面思考了。换言之,孔子三十岁时,他的思想已卓立在一个相对稳定的基础之上。三十岁以后的孔子,在思想上已选定了自己的奋斗目标。从政,进而治国是他的首要选择。

值得强调的是,孔子并不认为治理国家是一个人所能胜任的,而天下亦不仅有鲁国一国,所以,要利用一切时机,扩大自己思想的影响范围,这样,孔子便摸索着走上了行教的路途。

第二节 孔子早期的行教

(一)孔子行教之前的私学

中国历史上的私学之兴本在孔子行教之前。东周以来,由于王权的日渐式微,王朝的各方面都呈现出衰败的迹象,其中较为惹人注目的一个方面即是所谓学在四夷或文化下移的现象。王权之衰造成中央文化机构规模日小,甚至其中的某些部门完全废除,这使得许多文化公职人员流落民间;同时,也使很多本属于王朝的文物典籍散失于四方。那些失去王朝俸禄的文士,不得不利用自己的一技之长和拥有的典籍来谋生。这其中亦不乏一些眷恋传统文化的人士,他们竭力宣扬周礼,或试图以周礼重新整合天下。另一方面,各国诸侯及后来新兴的政治势力又无不想僭取正统文化以笼络人心。这样,一些贵族子弟便聘请那些流落民间的王朝"士"人为师。不用说,这两方面的相互需要,必然会出现与官学不同的私学,即知识分子以个人的身份收徒讲学,以此谋生,使教育真正地成为一种职业。据文献的记载,那时私人讲学的风气颇盛,有晋国的叔向,郑国的壶丘子林和邓析,以及鲁国的少正卯等。我们不知道孔子对这些情形了解多少,但从他求学于郯子一事来看,他并不认为收徒讲学有什么不当之处。

(二) 孔子行教的起始

孔子的教育事业始于何时,实在是个难以确定的问题。上文提到的琴张,有人即以为是孔子早年的弟子之一,《论语》中又有一人曰"牢",曾转述孔子之言,[①]有人便根据孔子弟子中有琴牢为由,认定《左传》中的琴张即此琴牢。根据现存典籍,孔子收徒的最早记载见于《左传·昭公七年》,虽较为可信,但显然不是孔子事实上的最早行教记载。《昭公七年》文曰:

> 九月,公至自楚,孟僖病不能相礼,乃讲学之,苟能礼者从之。

孟僖子为何大讲学礼,这是因为:

> 三月,公如楚,郑伯劳于师之梁。孟僖子为介,不能相仪。及楚,不能答郊劳。[②]

鲁国号称是周公之后,保存周礼最完备的地方,竟"不能相仪","不能答郊劳",自然很失体面。所以,孟僖子"病"之,要开始在鲁讲习礼仪。此时孔子年仅十七,很可能还是默默

---

① 《论语·子罕》。
② 《左传·昭公七年》。

无闻之辈,但待到昭公二十四年(前五一八年)孔子三十四岁时:

  及其(孟僖子)将死也,召其大夫,曰:"礼,人之干也。无礼,无以立。吾闻将有达者曰孔丘,圣人之后也,而灭于宋。臧孙纥有言曰:'圣人有明德,若不当世,其后必有达人。'今其将在孔丘乎?我若获没,必属说与何忌(即孟懿子和南宫敬叔)于夫子,使事之而学礼焉,以定其位。"故孟懿子与南宫敬叔师事仲尼。仲尼曰:"能补过者,君子也。《诗》曰:'君子是则是效。'孟僖子可则效已矣。"①

从以上的引文中我们可以肯定以下两点。第一,此时的孔子不仅以知礼,而且也以行教而闻名于,孟僖子这样的权臣,不仅自己折服,而且还要求自己的后代去追随和师事孔子,因而孔子对孟僖子的是非分明的评价便是令人信服的。第二,虽然孟懿子和南宫敬叔是较早的孔子弟子,但却难以确定是否是他的第一批弟子。孔子自称是"三十而立",同时又坚

---

① 《左传·昭公七年》。

持"已欲立而立人,已欲达而达人"①的原则,而孟僖子又认为孔子将是达人,这些都可证明孔子的行教始于三十岁左右,但孟、南宫二子师事孔子时,孔子已经三十四岁,难说他在此之前就没有收授过其他弟子。

从以后的发展中我们可以得知,虽然孔子行教之时还很年轻,但他在那时及随后三十年的奋斗中,主要的追求还是从政,所以,孔子早期的弟子,即所谓"先进(先入门)"弟子,也大多以事功为主,积极从仕,更关心社会问题。

(三)行教早期的一大特色

应该指明的是,孔子办学行教,不同于我们今天对"教育"这一概念的理解。孔子之教并不包括后世的小学启蒙的内容,也没有那么多的清规戒律。早期投师于孔子门下的几乎都是成年人,目的是学"礼",通过学道德、学做人进而去治国安邦。所以,我们说早期的孔子门下,与其说是个师生分明的课堂,还不如说是个由一群志同道合的热情青年组成的社团性组织。许多早期弟子的年龄与孔子不相上下,如秦商(字子丕)小孔子四岁,颜渊之父颜无繇小七岁,冉耕小八岁,

---

① 《论语·雍也》。

子路小十岁,漆雕开小十二岁等①,这确实是个不同寻常的组织。孔子并不算是私学的开山鼻祖,但由于他的教门之下具有不同于其他私学创办者所倡导的更强的凝聚力,就有可能产生更大的影响,再加上孔子从一开始就不把行教作为仅有的谋生手段,便使得孔门之教在我国办学行教的历史中独放异彩。

第三节 孔子之教初探

(一)行教的归趣——"仁"人

正如我们反复申述的那样,孔子行教的目的既不同于他的前辈,又不同于后人。孔子不是要教人以某种知识,某种特殊的技能,而是通过学,使人区别于鸟兽,即在社会中做一个有道德之人,并用自己的德行去影响他人。用孟子的话讲就是:"学则三代共之,皆所以明人伦也。"②

学做人,做有道德之人,也就是实现"仁"人。"仁"这个概念虽非孔子首创,但却被他赋予了全新的含义,并逐

---

① 参看《史记·仲尼弟子列传》(以下简称《弟子传》)。
② 《孟子·滕文公上》。

渐成为孔学的最重要的观念之一,当然也是令后人争议不休的观念之一。孔子并未给、或者根本就不愿意给"仁"下一个完整精确的定义,而是在回答弟子们的提问时,根据每个人不同的处境而给予了不同的解说。在孔子的心目中,"仁"体现在生活的各个层面和每个阶段上。

孔子弟子有若曾大胆地断言:"孝弟也者,其为仁之本与!"① "本"就是根基和出发点,孔子也曾说:"弟子,入则孝,出则弟,谨而信,泛爱众,而亲仁。"② 指出了实现"仁"的逻辑进程,即仁是对人的言行的全面要求。

仲弓问仁。子曰:"出门如见大宾,使民如承大祭。己所不欲,勿施于人。在邦无怨,在家无怨。"③

樊迟问仁。子曰:"居处恭,执事敬,与人忠。虽之夷狄,不可弃也。"④

子曰:"刚、毅、木、讷近仁。"⑤

---

① 《论语·学而》。
② 同上。
③ 《论语·颜渊》。
④ 《论语·子路》。
⑤ 同上。

可以说，从孝这个人生第一道人际关系出发，即使对人生的细枝末节之处都提出了严格的要求。所以，在一定程度上讲，仁人就是完人，比如：

> 颜渊问仁。子曰："克己复礼为仁。一日克己复礼，天下归仁焉。……非礼勿视，非礼勿听，非礼勿言，非礼勿动。"①

这里并不是讲仁与礼这两个规范哪个更高或更重要，而是讲实现仁的途径。循此路途走下去，无疑就是一个完人。

当然，以上列举的这些孔子对仁的阐释，很有些让人眼花缭乱。之所以有那么多不同的阐述，除了"仁"这个观念固有的复杂性和深奥性外，还有一个不容忽视的原因，就是孔子本人对仁的认识和把握也是有一个由浅入深、由偏而全的过程的。到他思想发展的后期，孔子也许觉察到了这种繁复的诠释多少会使弟子们产生某种无法理解和无从下手的情绪，所以，当樊迟这位勇武之人再次追问"仁"的含义时，孔子径答曰："爱人。"② 爱所有的人，以爱待人，其结果

---

① 《论语·颜渊》。
② 《论语·子路》。

必然是仁人。孔子又说:"仁远乎哉?我欲仁,斯仁至矣。"①仁就在你身边,只要你去爱你周围的任何一个人或者以爱人的心态随便去做些什么,哪怕是唾手可得之事,你也得到了仁。仁与不仁,完全由人自身决定。上一章我们曾谈及孔子"兴绝学"信念的由来,孔子这里讲"克己复礼"就是强调社会的动荡不定并不是没有现成的礼法去遵循,而是人心涣散了,没有注意到传统文明的价值,更没有意志去改造它的不合时宜之处,只有破坏,没有建树,所以孔子认为关键是人的问题,他大讲"克己"、"为仁由己",想必就是力图激发人自身的自主性和创发性。

孔子的仁者也并不是独善其身者,既有出、入之类的在家之事,又有使民之类的在邦之务。孔子断言:"如有王者,必世而后仁。"②也强调了仁者对社会、天下的责任。这再一次体现出了孔子之教的独特之处。

(二)孔子之师

孔子之学的含义,其实,无论是知识、技能之学还是孔

---

① 《论语·述而》。
② 《论语·子路》。

孔子和他的弟子们

子的做人、"为己"之学，都不应是空穴来风，而是要以一定的途径来完成。孔子说：

> 述而不作，信而好古，窃比我于老彭。①
> 我非生而知之者，好古，敏以求之者也。②

孔子之学的方法之一是"好古"。"述"，即求教于传统文明，但孔子并不认为这是唯一的途径（虽然它很重要）。真正的"学"者，还要向社会生活学，向师长学。《史记》载：

> 孔子之所严事，于周则老子；于卫，蘧伯玉；于齐，晏平仲；于楚，老莱子；于郑，子产；于鲁，孟公绰。数称臧文仲、柳下惠、铜鞮伯华、介山子然。孔子皆后之，不并世。③
> 甘罗曰："大项橐生七岁为孔子师"。④
> 孔子学琴鼓师襄子。……使人歌，善，则使复之，然后和之。⑤

---

① 《论语·述而》。
② 同上。
③ 《弟子传》。
④ 《史记·樗里子甘茂列传》。
⑤ 《世家》。

显然，孔子之师并不都是正式所拜之师，而是"三人行，必有我师"[①]。如果说孔子心目中的"师"的概念相当灵活，想来也并不过分。择善而从，这就是投师的准则。唐代学者韩愈声言的"吾师其道也"，大抵讲的就是这个意思。

（三）受教条件

正因为孔子坚持了以道为师的原则，所以，当他自己担负起传道的使命时，对学生受教条件的要求才有可能是理性的和划时代的。与他之前的行教者不同，孔子行教的对象是所有的人而不是某一阶层之人。孔子之教的指导原则是道而不是某一利益集团的特殊要求，这就导致了孔子朴素的平等教育观。

孔子的这一教育观有两方面的内容。首先是"有教无类"。无论受教者其他条件如何，只要有志于学，即可成为教育对象。孔子说："自行束脩以上，吾未尝无诲焉。"[②]这是至今人们所看到孔子讲述的唯一一句有关受教条件的话，也是引起争议的一句话。流行的说法认为"束脩"是种食物，但也有

---

① 《论语·述而》。
② 同上。

孔子和他的弟子们

关于此物是贵是贱的争论。作为一种物品，可以认为是拜师之礼，类似于后世所谓的师贽。也有一种说法认为，"束脩"即"束发"之意，古人十五岁束发，若孔子只收十五岁以上的人为弟子的话，则与孔子本人的"十五志学"相恰，又合乎孔子之教的宗旨。其实，撇开这种争论不谈，孔子所收授弟子的实情，似乎更能为"有教无类"作注。

纵观孔子弟子，从出身上讲，颜渊居陋巷，原宪贫于穷闾，仲弓之父为贱人，此等可谓贫士；子贡出身商贾，处于社会中层；而孟懿子则是贵族出身。就资质而论，宰予、子贡利口善辩，"柴也愚，参也鲁，师也辟，由也喭"[①]。从品行上看，颜渊好学而不为富贵所动，而闵子骞、曾子则以孝闻。讲到志向，又是子张喜干禄，漆雕开不仕。甚至从无关紧要的相貌上来说，子羽状貌甚恶，子羔长不盈五尺，而有若则有貌似孔子的传闻。总之，弟子们的个人条件很不相同，但孔子并不以此作为取舍的依据。有没有资格做他的弟子，主要是有没有"好学"的诚心。显而易见，这里的前提是，每个人都具能学的潜能和权利，所谓"性相近"，也许亦有这方面的含义。前面提到的"为仁由己"，看来，为学也不例外。

---

① 《论语·先进》。

第二章 三十而立
——行教之始

孔子平等教育的另一方面是"无隐",也可以说是"有教无隐"。孔子说:

二三子以我为隐乎?吾无隐乎尔。吾无行不与二三子者,是丘也。①

孔子之所以有如此诚恳的解释,可能是因为弟子们经过一段苦学之后,依然觉得无所卓立,如颜回之叹曰"瞻之在前,忽焉在后"②,以及子贡的"夫子之言性与天道,不可得而闻也"③等,怀疑夫子对他们有所隐匿,没有将有关的东西都告诉他们。其实,孔子不过是在"有教无类"的大前提下,遵循了因材施教、循序渐进的原则,这在一定程度上会使某些弟子有疑惑不解之感。有一则故事,很能说明这方面的问题,《论语·季氏》载:

陈亢问于伯鱼曰:"子亦有异闻乎?"对曰:"未也。尝独立,鲤趋而过庭。曰:'学诗乎?'对曰:'未也。''不

---

① 《论语·述而》。
② 《论语·子罕》。
③ 《论语·公冶长》。

学诗，无以言。'鲤退而学诗。他日，又独立，鲤趋而过庭，曰：'学礼乎？'对曰：'未也。''不学礼，无以立。'鲤退而学礼。闻斯二者。"陈亢退而喜曰："问一得三。闻诗，闻礼，又闻君子之远其子也。"

这就是说，孔子并不因其子为亲而另有所授。他如何教授弟子，决定因素是他们的才性，而不是他们的地位贵贱，或者与孔子的关系远近，因为在孔子的心目中，只有学"道"与平等意义下的弟子。

依靠现有材料，我们无法知晓每位弟子拜师于孔子时的具体情形。上述孟懿子和南宫敬叔是遵父所嘱，除此而外，大抵就数子路的情形了。王充《论衡·率性篇》云：

世称子路无恒之庸人，未入孔门时，戴鸡佩豚，勇猛无礼。闻诵读之声，摇鸡奋豚，扬唇吻之音，聒贤至之耳，恶至甚矣。孔子引而教之，卒能政事，序在四科。

《弟子传》则曰："孔子设礼稍诱子路，子路后儒服委质，因门人请为弟子。"像子路这样入孔门时的生动记载，再无他例。仅就此例而言，恐怕每位弟子都不同程度地以不同的渠道在入孔门前便对孔子之教有一定的认识,然后下决心来受教。在入门手续上,先着儒服,再送上表示诚意的礼物,然后还得有门人的引荐(哪怕是形式上的)。子路是孔子亲自去"引"、去"诱"、去"教",其他弟子呢?大抵有自慕者,有因某种偶然因素而入门者。像颜回、曾子之属,又可能是随父求教者。

(四)弟子数目

孔子弟子的总数目,对今天的人来讲也是个大难题。历史上首次认真考虑这一问题并有所收获的是司马迁,他在《孔子世家》中的说法是:"孔子以诗书礼乐教,弟子盖三千焉,身通六艺者七十有二人。"而在《仲尼弟子列传》中却又说:

三十五人,显有年名及受业闻见于书传。其四十有二人,无年及不见书传。孔子曰:"受业身通者七十有七人。"皆异能之士也。

"身通六艺"是汉代人的说法,并不符合实情,相对来讲,"异能之士"的说法可能更为可取,但明显的是,前说七十二,后说七十七,史公本身就不一致。所以,自来说法颇多:

孔子和他的弟子们

孔子弟子七十,养徒三千人,皆入孝出悌,言为文章,行为仪表,教之所成也。①

孔子无爵位,以布衣从才士七十有余人,皆诸侯卿相之人也。②

仲尼门徒,升堂者七十有二。③

孔子……委质为弟子者三千人,达徒七十二人。④

孔子有一次评论子路道:"由也升堂矣,未入于室也。"⑤据此,我们是否可以说,孔子一生以各种方式教授过的弟子共有三千余人,而其中升堂者有七十余位,至于入室者则是这七十余位中的一部分。

司马迁关于七十七子数目的考订有他自己的原则。他说:"学者多称七十子之徒,誉者或过其实,毁者或损其真,钧之未睹厥容貌,则论言弟子籍,出孔氏古文近是。余以弟子名姓文字悉取《论语》弟子问并次为篇,疑者阙焉。"⑥但

---

① 《淮南子·泰族训》。
② 《盐铁论·刺复》。
③ 《颜氏家训·诫兵》。
④ 《吕氏春秋·遇合》。
⑤ 《论语·先进》。
⑥ 《弟子传》。

对照现存的《论语》，其情形亦有未明之处。前文曾论及"牢"这位人物，《公冶长》篇又有申枨这个人，孔子讲"枨也欲"，颇合孔子评论弟子的口吻。还有子禽和陈亢二人，以及孔子之子伯鱼等，亦多次见于《论语》，而且没有理由说他们不是孔子弟子。司马迁不列入《弟子传》，不知有何可靠的依据，或者是属于"疑者阙焉"之列吧。

总之，经过千百年的锤炼筛选，能为我们了解较详的弟子尚不足七十七子之半数。

第四节　游历求仕的尝试

（一）对三桓僭礼的批评

在孔子开始讲学，并谋求扩大影响的同时，鲁国的政治形势又有了新的变化。首先有两件事，使孔子在愤懑之余，开始担心鲁昭公的地位了：

三家者以《雍》彻。子曰："'相维辟公，天子穆穆'，奚取于三家之堂？"①

---

① 《论语·八佾》。

孔子和他的弟子们

> 孔子谓季氏："八佾舞于庭，是可忍也，孰不可忍也？"①

作为权臣的三桓家族，不满足于在鲁国的专权，还进一步僭用天子的乐和礼，这表示在他们的眼里鲁昭公根本无地位可言。对此，孔子先是大加斥责："人而不仁，如礼何？人而不仁，如乐何？"②不讲仁义之人，僭用天子的礼乐又能如何呢？难道人们就会以天子待之吗？虽然有这样的批评，但在理智考虑之下，孔子不得不认为对三桓是毫无办法的，所以他又叹息道："夷狄之有君，不如诸夏之亡也。"③夷狄之人尚且知道尊敬国君，为何号称礼义治国的诸夏各国反而目无国君？当时的孔子乃一介文士，即使通晓礼仪，可除了对僭礼行为表示不满之外，又能如何呢？当然，这也说明，一方面，孔子坚持道义，对已有的一官半职并不在乎。另一方面，孔子也可能暗下决心，要谋得拥有更大权力的更高职位来制止频繁出现的非礼行为。

---

① 《论语·八佾》。
② 同上。
③ 同上。

第二章 三十而立
—— 行教之始

（二）游仕齐国的政治挫折

鲁昭公二十五年（前五一七年）：

> 孔子年三十五，而季平子与郈昭伯以斗鸡故得罪鲁昭公，昭公率师击平子，平子与孟氏、叔孙氏三家共攻昭公，昭公师败，奔于齐。其后顷之，鲁乱。①

可能是因为乱邦不居之故，孔子只好带着几位弟子离开鲁国去齐国。选择齐国大抵是因为齐鲁相邻，而齐国又是大国，倘能求仕于齐，亦未尝不可。当然，孔子也许还有去见鲁昭公的意思。不过，从现存史料上看，不知何故，孔子一直未见到昭公。但重要的是，孔子知道齐国执政的晏婴很贤明，所以，求仕的心情更迫切一些。

孔子到齐国后做了高昭子的家臣，目的显然是想通过高昭子而得到齐景公的任用。高昭子名张，据《左传》载，此人可以说是个不肖之徒。孔子投在他的门下，可能是因为那时高昭子的名声还不很坏，也可能是孔子想暂时找一条生存之路，作一些利用而已。还有可能是孔子的政治经验尚浅，

---

① 《世家》。详情参看《左传·昭公二十五年》。

未及考虑许多。后世许多儒者拚命否认此事，其实大可不必，因为任何人都有一个成熟的过程。无论是非如何，孔子确实是见到了齐景公，并且还与景公进行了若干次的思想交流：

齐景公问政于孔子。孔子对曰："君君，臣臣，父父，子子。"公曰："善哉！信如君不君，臣不臣，父不父，子不子，虽有粟，吾得而食诸？"①

他日又复问政于孔子，孔子曰："政在节财。"景公悦。②

孔子回答的第一个问题，无疑是有感于鲁国刚刚发生的内乱。鲁昭公与三桓之所为显然是君不君、臣不臣的，因为一些日常琐事而大动干戈，导致举邦混乱，是令人极其痛心的。孔子生动地利用语辞关系阐发这一准则，可以说也是正名原则的一个重要方面。可以想见，鲁国君臣上下的失礼对孔子政治思想形成的影响是相当深刻的。但齐景公的体会却有些令人失望，他把落脚点放在了个人的得失之上。孔子意识到了这一点，所以再回答齐景公时，便讲了"政在节财"，使齐

---

① 《论语·颜渊》。
② 《世家》。

第二章 三十而立
——行教之始

景公颇为满意。在这里，我们是否可以认为，且不说"节财"之说符不符合他根本的政治主张，即便就事论事，孔子此时也多少有一些投齐景公之所好的意味。这暴露出了孔子政治经验的不足。他以为只要在不乖大道的前提下讲一些齐景公可听之言就可以得到任用，殊不知已有人注意到了他的政见对现实政权的威胁。

根据《世家》所云，几次问政之后，齐景公对孔子的印象很好，准备把尼溪这个地方封给孔子。但出乎孔子意料之外，关键时刻，晏婴出来阻拦。

《论语·公冶长》记载了孔子的一句话，他说："晏平仲善与人交，久而敬之。"很可能在齐国时孔子与晏婴也有过交往，而且对他的印象还不错，故有此说。那时的孔子初次与高层实权人物作政治交往，晏婴是位职业政治家，又有礼贤之名，表面上对于孔子这样的文化名人很客气，孔子也对他产生了"敬"的看法。

不幸的是，孔子尚未认识到，政治家所谓的礼贤，只"礼"那些合乎自己政治标准的贤，反之，他们只是承认你之贤，并不打算任用你。那时的孔子，很有些理想主义者的味道，他的政治主张是：

为政以德,譬如北辰,居其所而众星共之。①

道(导)之以政,齐之以刑,民免而无耻;道(导)之以德,齐之以礼,有耻且格。②

讲的是以道德礼仪为治国之本,用道德来约束政治。这种主张显然过于书生气,过分理想化了。包括君君、臣臣等原则在内,假如普天之下都依此而行,周天子便不会形同虚设,像齐国这样的大国,当然也不能随便征伐了。明眼的晏婴焉能看不到这种威胁?所以他强烈反对任用孔子,他陈词于齐景公说:

夫儒者滑稽而不可轨法,倨傲自顺,不可以为下;崇丧遂哀,破产厚葬,不可以为俗;游说乞贷,不可以为国。自大贤之息,周室既衰,礼乐缺有间。今孔子盛荣饰,繁登降之礼,趋详之节,累世不能殚其学,当年不能究其礼。君欲用之以移齐俗,非所以先细民也。③

---

① 《论语·为政》。
② 同上。
③ 《世家》。《晏子春秋》、《墨子》等载此文微异。

这番描述确实有些战国时人的味道，所以许多人并不以为有过这回事，再者《左传》、《论语》向未提及，故以为不可确信。但是，想见当时孔子在齐国的经历，与齐景公论政有洽，又备称晏子，却不得所用，连一微职都未谋到，确实有理由让人怀疑当权的晏婴从中所起的作用了。

孔子在齐国的这种遭遇，与他本人的政治主张有决定性的关系。因此，这次打击可以说是孔子的政治理想及其政治命运注定要走向失败的开始。但可惜的是，此时的孔子，才刚刚开始远大的政治目标的奋斗，正沉浸在救助天下的宏伟理想之中，他也许根本不在乎这次游仕齐国的政治挫折。

（三）考察齐文化

在齐国求仕的同时，孔子走访了一些从周天子那里流落而来的文化旧臣，并考察了齐国官方或民间保存下来的传统文化。孔子曾断言："齐一变，至于鲁；鲁一变，至于道。"① 可见他认为在文化上两国颇为相近，并有着相似的渊源和地位。因此，这种考察的收获还是很可观的：

---

① 《论语·雍也》。

子在齐闻《韶》，三月不知肉味。曰："不图为乐之至于斯也。"①

子谓《韶》尽美矣，又尽善也；谓《武》尽美矣，未尽善也。②

《韶》传说是虞舜时的宫廷乐章，自然表现的（也许是儒者想象中的）是盛世的祥穆。童年时期的孔子，对传统文明就备生景仰，这次游历，又听到著名的《韶》乐，自然便引发了他内心的共鸣，称赞这首古曲是尽善尽美之作。相形之下，周武王宫廷中的《武》乐则内含杀伐之气，虽然曲调上很优美，但音乐表现出的内在精神却并未达到尽善的境界。孔子的音乐修养很高，他不仅能恰当地品评古乐，而且自己也喜欢歌吟，《论语》中有孔子向人学习歌唱的记载，到了晚年，孔子还整理过有乐曲相配合的《诗》。值得指出的是，这种善、美结合的文艺美学思想，深刻地影响了后世学术。

（四）被迫离开齐国

鲁昭公在外流亡七年并死于国外。这期间，孔子的大部

---

① 《论语·述而》。
② 《论语·八佾》。

分时间可能是在齐国的徘徊中度过的。孔子没有间断他的政治活动,虽具体情形不明,但以晏婴为首的政治权势必定对孔子的行动时时在意,并会选择适当的时机进行打击。见他久滞不归,唯恐给齐国造成什么威胁,就可能散布流言甚至妄造证据迫使他离开齐国。所以,《世家》云:"齐大夫欲害孔子,孔子遂行。"《孟子·万章下》则云:"(孔子)之去齐,接淅而行。"可见当时的情形确实很紧迫,孔子一行无奈,只好捞起正淘着的米匆匆离去。其实,晏婴以礼贤名,肯定不会真的加害孔子。

第三章
四十而不惑

——师生切磋

第一节 不惑之年的政治观念

孔子匆匆离开齐国的时间史籍无载,根据他后来的活动推测,估计是在他四十岁左右。鲁昭公去世后,鲁定公即位,那时孔子是四十三岁。孔子自称"四十而不惑",说明他在四十岁左右时思想又有了新进展。孔子对这种进展未加详述,但他四十岁左右的一系列言论和行动却为我们探讨"不惑"的具体内容作了必要的说明。

鲁昭公二十八年(前五一四年),孔子三十八岁,晋国发生的一系列事件引起了孔子的注意。权臣韩宣子卒,魏献子开始执政。魏氏很有魄力,首先大胆地进行了人事大改动,总的方针是举贤才,即所谓"夫举无他,唯善所在,亲疏一

第三章 四十而不惑
——师生切磋

也"①的原则。所以：

仲尼闻魏子之举也，以为义。曰："近不失亲，远不失举，可谓义矣。魏子之举也义，其命也忠，其长有后于晋国乎？"②

孔子政治思想的中心是"德"政，德政的中心点之一是举贤。用现代术语讲，孔子是位仁道主义者，他孜孜追求的理想的邦国之政是从政者通过自己的德行影响臣民，使社会在平和的气氛中稳步发展，而不可处在流血、恐怖与动荡之中。所以，当次年晋国的赵鞅等人把范宣所作的刑书铸成刑鼎时，孔子感到十分震惊：

仲尼曰："晋其亡乎！失其度矣。夫晋国将守唐叔之所受法度，以经纬其民，卿大夫以序守之，民是以能尊其贵，贵是以能守其业。贵贱不愆，所谓度也。文公是以作执秩之官，为被庐之法，以为盟主。今弃是度也，而为刑鼎，

---

① 《左传·昭公二十八年》。
② 同上。

民在鼎矣，何以尊贵？贵何业之守，贵贱无序，何以为国？"①

且不论晋国会不会因铸刑鼎而亡，也不论孔子的主张是否现实，我们所关切的是孔子在此表述的政治思想。从孔子的论述中可以看出，他所肯定的两种法——唐叔所受之法和被庐之法，相当于今天的行政法，是要求卿大夫为民树立道德榜样，从而实现社会的安定，即"民尊其贵，贵守其业"。而刑鼎则是刑法，其内容是强制性的。按照孔子的想法，君主和卿大夫的贤明和德行是实现社会安定的最佳途径，也是政治的本义，即所谓"政者正也"，这样做的结果是"民有耻且格"，人民有守本份的自觉性；而弃德用法的结果，人民只想着侥幸地钻法律的空子而变得毫无廉耻。倘若卿大夫不重视自身的典范作用，只是一味地依法行事，强制百姓，社会则会更加动荡不定。

　　上述孔子的这套主张是相当系统的，且就其自身而言也是可以自圆其说的，所以很快得到了同时代一些人的赞同。

---

① 《左传·昭公二十九年》。

蔡国史墨评论道:"然不得已,若德,可以免。"[①]意思是说,刑鼎已铸,无可挽回,但如果能加强德治,赵氏等依然可以免于败亡。

总之,通过这两件事的分析可以看出,孔子所谓的"不惑",大抵讲的是,年轻时就开始的对政治的思考,到四十岁左右时终于达到了豁然贯通的境地,并且可以作为一个整体而运用了。在齐景公问政时,他虽然也强调君君臣臣,但也不免迁就景公,讲了"政在节财"的看法。在经过了游齐的挫折和数年考察和思考之后,"不惑"的孔子终于确定并展开了德政的思想,他已经没有任何疑虑了。

第二节 自齐归鲁后的思想文化活动

(一)评论鲁政

孔子自齐归鲁大抵在鲁定公即位前后,季氏——季平子定公五年卒后季桓子嗣立——依然掌权,初即位的定公,想来也是无能为力、任人摆布的。因此,孔子不仅得不到从政的机会,甚至可能都不会产生从政的打算。但是,因为人格

---

① 《左传·昭公二十九年》。

上的威望，以及收授弟子（包括像孟懿子和南宫敬叔这样的贵族子弟）和知识渊博而闻名于鲁，所以，孔子虽无官职，却也受到了普遍的尊敬。《世家》载有季桓子挖井得怪羊后请教孔子之事，也载有吴人毁会稽得骨节专车后来请教孔子之事，虽然不甚合于孔子"不语怪、力、乱、神"①的原则，也不尽合于史实，但如果说鲁人及他国之有心者因一些文物典章之事去请教孔子的话，似乎也在情理之中。这使得孔子的声名与日俱增，《论语·子罕》载达巷党人的话说："大哉孔子，博学而无所成名。"足以反映孔子此时的社会影响。

然而，具有讽刺意味的是，三桓的专权不仅未使鲁国安定，而且他们也因本阶层内部的矛盾变得地位不稳了。定公五年（前五〇五年）：

桓子嬖臣曰仲梁怀，与阳虎有隙。阳虎欲逐怀，公山不狃止之。其秋，怀益骄，阳虎执怀。桓子怒，阳虎因囚桓子，与盟而释之。阳虎由此益轻季氏，季氏亦僭于公室，陪臣执国政。是以鲁自大夫以下皆僭离于正道。②

---

① 《论语·述而》。
② 《世家》。

在这种乱政之下,孔子的处世之道是:一方面不谋求参与这种"僭离于正道"的政治,因为此时若从政,只能与季氏一道背离公室;另一方面,他也不苟同于现实政权势力,而是采取"议政"的方式,严厉抨击悖礼之事:

孔子曰:"天下有道,则礼乐征伐自天子出;天下无道,则礼乐征伐自诸侯出。自诸侯出,盖十世希不失矣;自大夫出,五世希不失矣;陪臣执国命,三世希不失矣。天下有道,则政不在大夫;天下有道,则庶人不议。"①

天下无道,是孔子对现实及其发展趋势的总的看法,从中透露出了他极大的焦虑。孔子希望看到一个有秩序、讲道德的社会。当然,在今天看来他心目中的有秩序是上下有序的等级社会,但却是当时唯一的正确选择。

回到鲁国之后,孔子又说:

禄之去公室,五世矣;政逮于大夫,四世矣,故夫三桓之子孙微矣。②

---

① 《论语·季氏》。
② 同上。

鲁国自宣公失政以来，历成、襄、昭、定共五世，自季武子始专政，历悼、平、桓子，也已四世，孔子根据自己的上述判定，认为鲁国也快到了陪臣（如阳虎）执国政的时候了，所以孔子对鲁国前途的担忧溢于言表，也更坚定了他的政治信念及从政的原则。

（二）历史观和文化观

现实毕竟是残酷的，根据《世家》的说法，"故孔子不仕，退而修诗书礼乐，弟子弥众，至自远方，莫不受业焉。"对司马迁的这段记载，我们可以分两部分来分析：一是阅读和整理古籍，研究历史和传统文化；再则是更大规模地收授弟子。

我们知道，孔子年轻时就热衷于传统文明的学习和研究。他求教过郯子，考察过齐文化，这期间，他肯定还在不停地读书和思考，再加上他的教学所得，使他对于历史和传统有了更深的认识。

殷因于夏礼，所损益，可知也；周因于殷礼，所损益，可知也；其或继周者，虽百世可知也。①

---

① 《论语·为政》。

第三章 四十而不惑
——师生切磋

> 行夏之时，乘殷之辂，服周之冕，乐则韶舞。①

这就是孔子的历史发展观和传统文化观。孔子是殷人之后，又生活在周朝，所以，如果有过什么理想的社会模式可选择的话，他只能从周。"郁郁乎文哉！吾从周。"②一个理性的社会，不能完全与传统断开，对于过去，"损"固然应该，但"益"也是必不可少的。他所举的例子，如夏时、殷辂、周冕等，不过是想说明凡是精华的东西，是不必计较它的时代早晚的。显然，孔子并不认为周朝便是人类社会发展的顶点，因为他认为会有"其或继周者"。所以，孔子对社会模式的选择并不是机械的。他选择的并不是某个特定的朝代，或特定的时期，而是一种具有一般意义和价值，或其是历史发展（不一定是前进）的普遍样式。孔子说"吾从周"，不过是他认为周代基本上遵循了这种价值而已。这样一来，许多人想当然地认为孔子保守、守旧，甚至主张历史倒退，其实都是些肤浅之论，或者是为某种先入之见服务的，已经超出了历史事实所能说明的范围了。

---

① 《论语·卫灵公》。
② 《论语·八佾》。

在这段时间里，孔子还研究了各国的历史和有关史籍，其中包括鲁国的《春秋》，所以他才有"五世"、"四世"之类的断言。他在言谈中又多引用《诗》，说明他对《诗》的研究并未中止。他大讲夏、殷之事，对《书》也有进一步的学习心得。值得指出的是，这些典籍不仅是孔子认识社会和历史以及自我修养的工具之一，也是他教授弟子们的部分"教科书"。

第三节　孔子行教再探

（一）教学内容

从孔子四十岁左右自齐归鲁到他五十岁再仕鲁国的十几年的时间里，与他的议政和修诗书礼乐等活动同时进行的是他的教育事业。虽然在政治上不得意，但孔子的办学声名却日渐隆盛。

到孔子五十岁时，（据《弟子传》所云）孔子弟子中计有秦商四十五岁，颜无繇四十三岁，冉耕四十二岁，子路四十岁，漆雕开三十八岁，闵损三十四岁，冉雍、冉求、宰予、商瞿二十岁，可见，先进弟子中的德行、政事、言语弟子差不多已都在门下了。

如上所述，孔子行教有两大特点：一是早期弟子年龄大多与孔子不相上下，所以孔门并不像是一个师道尊严的学校，

第三章 四十而不惑
——师生切磋

而更像是个今天我们所谓的研讨班;二是孔子之教主要在教人做人,这使得师生关系更为密切,且近乎师生平等。这样一来,孔门中的所谓教学内容,极可能是在相互讨论中完成的。至于后儒奉作"经典"的那些书籍,也走不出相互切磋的形式。《论语》中记述的许多"侍坐"场面,便是这种融洽场景的反映。

由于孔子的教育宗旨是学做人,所以他很强调"为己之学"。孔子声言:"古之学者为己,今之学者为人。"① 讲的就是真正的学习者是提高自己的道德水平,并以此服务社会;而虚妄的学习者却是装饰门面,以求博得他人的赞誉甚至谀谄。从此立足点出发,孔子又提出了他的行教总条目:

志于道,据于德,依于仁,游于艺。②

从总的把握上看,这是要求学习者先立志,树立正确的学习态度,然后才可进入一招一式的具体的"艺"的学习。孔子又道"兴于诗,立于礼,成于乐"③,强调在具体的学习中

---

① 《论语·宪问》。
② 《论语·述而》。
③ 《论语·泰伯》。

增进对学习自身的思想认识。如孔子教训伯鱼时就有"不学诗,无以言"的观点。言,是人生的自然启步,也可以说是接触社会的开始,而学诗则是言的必要训练。在学诗以言的过程中,《诗》的更深一层的作用会自然地发挥出来。孔子说:"小子何莫学夫诗?诗,可以兴,可以观,可以群,可以怨,迩之事父,远之事君。多识于鸟兽草木之名。"[①]可见,在孔门之中,学知识与学做人从一开始就是一致的。

讲到孔子行教的具体条目,人们自然会想到"五经"和"六艺"的地位。其实,当时孔门之中不可能有"五经"、"六艺"等定型化的说法。孔子有身教,有言教。在言教方面,当然会有上世的书籍,但究竟是哪些书,恐怕现在是找不到答案的。《论语》提到过《诗》、《书》和《易》,但《礼》和《春秋》却未出现过。尽管《论语》有后来的《礼记》和《春秋》中记载的一些内容和事件,但这毕竟不能说就是这两部书本身。仅从《论语》来看,孔门教科书可能会少于"五经",但孔子学通古今,而当时周天子王室的经籍又大量散失于民间,孔门之中亦有精通文学(文物典章)的子游和子夏,则孔子教学用书或许还不限于"五经"之内。至于"六艺",孔子

---

① 《论语·阳货》。

第三章 四十而不惑
——师生切磋

也未明确作过归纳，则可断定在孔门之中并没有像汉以来那样的严格。孔子周游列国，在实践中教导弟子，强调发挥人的主观能动性，所以，孔门之实践课程远远超出了六艺的范围。但倘若一定要一项项地落实下去，恐怕孔子之所教有时不足"六"艺。显然，这正如我们一再强调的那样，孔子奉行的并不是制度化的教学，有人说，他更像现今某些大学中的导师，关心的更多的是学生思想发展的方向。

当我们强调孔子教学的灵活性时，并不是说他的教学内容是杂乱无章的。现存《论语》虽然没有集中的阐述，但它的主题还是相当清晰的。比如：

子以四教：文、行、忠、信。[①]
子不语怪、力、乱、神。[②]
子绝四：毋意，毋必，毋固，毋我。[③]

显然，孔子重视的是道德品质和为人处世的基本原则的培养，即使《论语·乡党》中孔子的令人怵惕的典范行为，

[①] 《论语·述而》。
[②] 同上。
[③] 《论语·子罕》。

也不过是为那些一般原则作例证而已。

总之,孔子的教学内容,无论是采取什么方式来达成,都是具有普遍价值的道德原则,而且是与政治生活相关的道德原则。他以教人学做人为主,并不设立什么具体课程,而是具体灵活地解决现实生活中遇到的各种难题。所以,孔子之教严格说来并不能等同于后世及当今的教育,当然它更没有封建的官方专制化的种种流弊。

(二)教学方法

孔子的教学方法,比较突出的且多为后人称道和效仿的主要有两条原则,其一是启发式的教法,其二是因材施教的作法。孔子主张:

> 不愤不启,不悱不发。举一隅不以三隅反,则不复也。①

孔子这种最大限度地调动学习者本身的内在潜力的教学法,据说颇合于现代教育学的研究结果。加上孔子所授实质上是做人的学问,这使我们更体会到举一反三的重要性。其实,

---

① 《论语·述而》。

第三章 四十而不惑
——师生切磋

道德原则本身就颇具灵活性，不能举一反三，就说明还需要在开发潜力上下功夫，而不能再告之以正文。在这一点上，《论语·八佾》中有一个极其生动的例子。

子夏问曰:"'巧笑倩兮，美目盼兮，素以为绚兮。'何谓也?"子曰:"绘事后素。"

曰:"礼后乎?"子曰:"起予者商也! 始可与言诗已矣!"

"绘事后素"讲的是当时的绘画技法，先施粉底，再绘以五彩，然后才能成为一幅完美的画。子夏由此联想到人的道德品质和礼仪文饰的关系，认为做人须先有良好的品质，再饰以礼仪风度，才能成为一个完整的人，也就是孔子所谓的"文质彬彬，然后君子"[①]。显然，孔子用"绘事后素"解释"素以为绚"，这使子夏深受启发，于是联想到孔门的基本要求——做人。看上去这是个复杂的过程，但对于子夏却很简明自然，这正体现了孔子教育的成果。

因材施教的微妙作用，我们在上文论述"仁"时已有所接触。其实这也很自然。由于孔子门人弟子多已成人，各人

---

① 《论语·雍也》。

> 孔子和他的弟子们

的情形很不同，而孔子的教学内容又相当灵活，并没有现代人上下拉平式的教科书，的确难能可贵。做人并没有统一的、可以测试的标准，在孔子看来，只要不乖大道，每个人尽可以合理地发挥自己的性格特点。孔子的任务，不过是加以必要的调节，避免出现极端而已。请看下例。

子路问："闻斯行诸？"子曰："有父兄在，如之何其闻斯行之？"冉有问："闻斯行诸？"子曰："闻斯行之。"公西华曰："由也问闻斯行诸，子曰有父兄在；求也问闻斯行诸，子曰闻斯行之。赤也惑，敢问？"子曰："求也退，故进之；由也兼人，故退之。"[①]

孔子在此并未过问他们"闻"的具体内容，而只针对提问者的不同，给予了不同的方针性的指点。孔子并不想改变子路和冉求的性格，只是有意让他们克服自身特点可能造成的不良结果。总之，因材施教仅仅是一种教学方法，它是在孔门的具体环境中产生的。如果孔子用统一的大课堂教导弟子，那么，孔子弟子决不会有丰富多彩的发展和创造。

---

① 《论语·先进》。

第三章 四十而不惑
——师生切磋

第四节 不仕的考验

鲁定公八、九年（前五〇二、五〇一年）间，阳虎加快了全面控制政权的步伐，企图用武力夺取三桓的地位，他的同党公山弗扰拥兵盘踞在费邑作策应。他们在动手之前曾打算利用孔子的影响力，动员他参与其中。

孔子循道弥久，温温无所事，莫能己用，曰："盖周文王起丰镐而王，今费虽小，倘庶几乎！"欲往。子路不悦，止孔子。孔子曰："夫召我者岂徒哉？如用我，其为东周乎？"然亦卒不行。[①]

为什么没有成行呢？弟子们的反对是原因之一。但也许孔子最终识破了他们的企图，或者想起在齐国做高昭子家臣之事。诚如司马迁所言，一个以治国为己任的人，终日空对书本、弟子，有时不免有些失落之感。也许会有一时的冲动，考虑到阳虎等是三桓的对头，可以利用他们除掉作为僭臣的三桓。但冷静下来之后，孔子不能不想到阳虎等毕竟也是僭臣，去

[①] 《世家》，亦见《论语·阳货》。

掉三桓,留下阳虎,鲁政更乱,自己怎能助纣为虐呢?

经过这次波动,孔子似乎更坚定了自己不事无道的决心,他不时劝慰自己道:

学而时习之,不亦说乎?有朋自远方来,不亦乐乎?人不知而不愠,不亦君子乎?①

有趣的是,阳货等野心家还是想利用孔子,软的不行就来硬的,《论语·阳货》载文:

阳货欲见孔子,孔子不见,归(馈)孔子豚。孔子时其亡也,而往拜之。遇诸涂(途)。谓孔子曰:"来,予与尔言。"曰:"怀其宝而迷其邦,可谓仁乎?"曰:"不可。""好从事而亟失时,可谓知乎?"曰:"不可。""日月逝矣,岁不我与。"孔子曰:"诺,吾将仕矣。"

这里的阳货就是阳虎,他肯定孔子的才能,并利用孔子的观点诘问孔子,但他并不理解,在孔子看来,仁、知这些概念

---

① 《论语·学而》。

第三章 四十而不惑
——师生切磋

并不仅仅是一种言辞，而是有它的实际内容的，也并不是任何人都可以使用的。更重要的是，仕与不仕要有条件，仁、知之人也不是随便可以去从政的。在孔子看来：

不义而富且贵，于我如浮云。①

君子谋道不谋食。②

富与贵，是人之所欲也，不以其道得之，不处也；贫与贱，是人之所恶也，不以其道得之，不去也。③

仕与不仕的准则在"义"与"道"，一旦撇开这一准则，所谓合不合乎仁与道的讨论是毫无意义的。阳虎根本不明白这一点，所以，孔子虽然口头上答应出仕，但实际上并未履行这一逼迫之下的诺言。有些人也认为，可能是孔子尚未来得及行动，阳虎等人的武装叛乱活动就被粉碎，这一猜测，恐怕并无说服人的证据。落败的阳虎先逃到齐国，最后又投奔晋国。孔子得知晋国赵氏留用了阳虎时，便预言道："赵氏

---

① 《论语·述而》。
② 《论语·卫灵公》。
③ 《论语·里仁》。

其世有乱乎？"① 果然，孔子的话后来得到了应验。

当孔子守义不仕时，一些鲁人并不明白，《论语·为政》记载：

或谓孔子曰："子奚不为政？"子曰："书云：'孝乎惟孝，友于兄弟，施于有政。'是亦为政，奚其为为政？"

直接的参政议政固然是为政，但在一个政治不清明的社会中，通过传播道义，感化或影响社会，包括在位者，又何尝不是一种政治活动呢？孔子的这种并非消极的为政观，在他培养弟子，特别是其中的德行弟子的过程中，得到了充分的展示。

第五节　孔门中的德行弟子

（一）先进弟子的特色

孔子一生对他的众多弟子有过种种评价，而就适应于社会实际而言，他认为：

---

① 《左传·定公九年》。

第三章 四十而不惑
——师生切磋

先进于礼乐，野人也；后进于礼乐，君子也。如用之，则吾从先进。①

所谓先进后进，指的是进入孔门的先后。当然，这种先后并没有绝对明确的时间界限。大体上讲，在孔子六十岁前进入孔门的可称之为先进弟子。但称之为先进弟子的显著特色并非仅仅是指进入孔门的时间，而是还须看他们结合自身条件的追求。孔子说先进弟子是"野人"，即质朴之人。这些人进入孔门时年龄较大，有一定的社会阅历，但却缺乏礼乐制度方面的修养。他们的追求是事功，想成就一番政治事业。而此时的孔子也以求仕为主，这不仅使师生成为志同道合者，而且也使孔子无暇收授专事学问者。另一方面，又因为孔子主张德政，所以，先进弟子中又多德行弟子。

当然，先进弟子对事功的追求虽然成为孔门中特定时期的潮流，但这并不意味着每个人都有过实际从政的选择。

（二）孔子弟子的类型和分派

迄今为止，虽然我们动辄总称孔子弟子，但各位弟子之间，

---

① 《论语·先进》。

在思想发展上并不是一致的。尽管其中的原因是相当复杂的，但这并不妨碍我们依据这种不一致的事实，再结合孔子本人的看法，分派来叙述他们的思想表现和发展。我们不大赞成那种单纯研究和叙述每一位弟子的作法，以为它过于离散，缺乏必要的联系，因而既不易整体地把握整个孔门的思想，又不利于更深入地研究孔门思想的各个方方面面。不过，分派也有它的不足之处，比如分派标准的不易把握以及个人独特性的难于确定等。同时，分派还有它的困难之处，比如人们思想中对"派"的习惯性偏见以及对史料的驾驭等。不过，与单独叙述相比较，分派无疑是弊病较少的一种选择。

至于前人对孔门弟子不同类型和发展方向的论述，除孔子的四科之分外，较有影响的是韩非子关于八儒的论述和荀子于无意之中表述的看法。韩非子断言如下。

世之显学，儒墨也。……自孔子之死也，有子张之儒，有子思之儒，有颜氏之儒，有孟氏之儒，有漆雕氏之儒，有仲良氏之儒，有孙氏之儒，有乐正氏之儒。……故孔墨之后，儒分为八，墨离为三，取舍相反不同，而皆自谓真孔、墨。孔、墨不可复生，将谁使定后世之学乎？①

---

① 《韩非子·显学》。

显然，韩非子的语气是相当肯定的，但是，他讲的是自孔子卒后儒学内部争鸣的学术盛况。

《荀子·非十二子》中又有对子夏、子张和子游等三派"贱"儒的抨击。它也强调了孔门弟子的分化，而且，这种分化在孔子卒后更演化成先秦儒学的第一次学术高潮，并为孟子和荀子这样的儒学大师的出现和后世儒学的浩荡发展做出了必不可少的开创性的贡献。

（三）以颜回为首的德行弟子

孔门中颜氏人物很多。据《弟子传》，除颜回父子外，尚有颜幸、颜高、颜祖、颜之仆、颜哙和颜何诸人，《世家》中还出现过一个颜刻，乃一武夫，想必也是鲁人。颜回父子共学孔门，《弟子传》云："颜无繇，字路。路者，颜回父，父子尝各异时事孔子。"看起来，父子二人是在不同的时候学于孔门的，但这样一来，便生出两种可能性，其一是颜回受父亲的影响，成人后入学孔门；其二是颜回早夭后，颜路才进入孔门。《论语·先进》记载如下。

颜渊死，颜路请子之车以为之椁。子曰："才不才，亦各言其子也。鲤也死，有棺而无椁，吾不徒行以为之椁。以吾从大夫之后,不可徒行也。"

想必这样的人物很难成为韩非子所谓的"颜氏之儒"的开山祖,相对来讲,颜渊虽然卒在孔子之前,但以他的德行和学问,却足以影响颜氏后学循着他的方向走下去,开一派学术之风。

颜回字子渊,小孔子三十岁,终年二十有九。[1] 颜回的生平我们所知甚少,唯一能确定的是他的贫穷的生活。孔子说:"回也其庶乎,屡空。"[2] 说的是颜回虽然德行近乎道,但也屡受空乏之苦。孔子更明确的说法是:"贤哉,回也!一箪食,一瓢饮,在陋巷,人不堪其忧,回也不改其乐。贤哉,回也!"[3] 回想自己的身世,孔子深感处贫而乐之可贵。

哀公问:"弟子孰为好学?"孔子对曰:"有颜回者好学,不迁怒,不贰过,不幸短命死矣!今也则亡,未闻好学者也。"[4]

---

[1] 《弟子传》。
[2] 《论语·先进》。
[3] 《论语·雍也》。
[4] 同上。

第三章 四十而不惑
——师生切磋

看起来，孔子所欣赏的颜回的好学，主要是颜回能将学有效地转化为实践，从横的方面讲是不迁怒，不因此而怒彼；从纵的方面讲是不贰过，同样的过错不会再犯。这是颜回之德行的主要方面之一。

与颜回同列孔子"德行"之科的尚有闵子骞、冉伯牛和仲弓。据于《弟子传》，闵损，字子骞，少孔子十五岁；冉耕，字伯牛；冉雍，字仲弓，少孔子二十五岁。三人均为鲁人，出身贫寒，是孔子的先进弟子，闵损的孝行很有名，孔子说："孝哉闵子骞！人不间于其父母昆弟之言。"[①] 至于冉耕，孔子除言其德行之外，在他得恶疾而行将故去之时曾叹惜道："斯人也而有斯疾也"，足见他在孔子的心目中还是占据着重要地位的。

孔子德行弟子的重要特点是对道德之行的关切。他们虽然出身社会下层，但这并不妨碍他们向往高尚的道德生活。道德之人就是孔子心目中的仁人，所以，孔子断言："回也，其心三月不违仁，其余则日月至焉而已矣。"[②] 可见，德行弟子们尽管在成仁的道路上成就有所不同，但大的方向却是

---

① 《论语·先进》。《说苑》等书载有闵损之孝的传说故事。
② 《论语·雍也》。

一致的。相比之下，对其他弟子，孔子连"日月至焉"的评价都未给予过。孔门中对"仁"予以特殊关注的还有原宪。他问孔子："克、伐、怨、欲不行焉，可以为仁矣？"孔子答曰："可以为难矣，仁则吾不知也。"① 虽然不能以仁许之，他能注意克、伐、怨、欲之不行，其求仁的态度还是难能可贵的。

原宪字子思，也是鲁国的下层人士，司马公说他是"闾巷人也"②，孔子做大司寇时，原宪是其家宰。孔子去世后，他穷居闾巷，成为一名隐士，看来与颜回还有些相似之处。

弟子以德行见重于孔子者，尚有南容和公冶长。南容，又称南宫适或南宫括，字子容，鲁人；公冶长，字子长，齐国人。南容的德行，孔子认为是"邦有道，不废；邦无道，免于刑戮"③，可见他生平谨于言行，能在政治旋涡中保持操守，所以，孔子让自己兄长的女儿嫁给了他。南容又有言论道："羿善射，奡荡舟，俱不得其死然；禹、稷躬稼，而有天下"，认为德行之人才可以为天下之王，所以孔子称赞他是君子之人和尚德之人。④ 与此相似，孔子又称赞公冶长曰：

---

① 《论语·宪问》。
② 《史记·游侠列传》。
③ 《论语·公冶长》。
④ 《论语·宪问》。

"虽在缧绁之中，非其罪也"①，虽在囹圄之中，但罪不在己，可见此人亦是言行中正之人，所以孔子又让自己的女儿嫁给了他。虽然说我们并不想用与孔子的关系亲疏来评价某位弟子，但在那种极重宗亲关系的时代，孔子的这种选择还是可以说明一些问题的。

（四）德行弟子的政治思想和活动

德行弟子的政治表现在孔门中具有相当的代表性。这些弟子大多是先进弟子，入孔门时都有从政的愿望，但是，由于天下政治的无道，又受到孔子政治观的深刻影响，他们大多都未能如愿以偿。对于颜回，孔子说："用之则行，舍之则藏，唯我与尔有是夫！"②这话可以说是孔子对自己一生政治追求的总结，也可见孔子认为颜回是最能了解他的参与政治的原则的。虽然颜回有时也问"为邦"③之道，但这并不意味着他要作政治尝试，而是从理论上力求对政治有所了解。颜回终身未仕，可能与他的早逝有关，但更重要的是他与孔子共有的"舍之则藏"的原则在起作用。至于闵子的情形，

---

① 《论语·公冶长》。
② 《论语·述而》。
③ 《论语·卫灵公》。

《论语·雍也》也有记载。

季氏使闵子骞为费宰。闵子骞曰:"善为我辞焉!如有复我者,则吾必在汶上矣。"

闵子骞不仅不参与季氏之政,还有唯恐避之不及的意味。如同孔子一样,不是没有从政的机会,而是"不仕大夫,不食污君之禄"①,有他自己的政治原则。同时,闵损也保持着对现实政权的批评,比如季氏等要重建长府(仓库),他批评道:"仍旧贯,如之何?何必改作?"②这对一位贫士来说是相当令人钦佩的,表示他要内外如一地坚持他的德行之仁。

冉雍的政治品德和才能更令孔子另眼相看。孔子说:"犁牛之子骍且角,虽欲勿用,山川其舍诸?"③这一方面说明了仲弓的贫贱出身,亦肯定了他的政治才能。孔子又断言:"雍也可使南面。"④具有南面之尊的资格,亦见其德行之高了,因为孔子心目中的君王一定是德行之隆者。显然,仲弓的德

---

① 《弟子传》。
② 《论语·先进》。
③ 《论语·雍也》。
④ 同上。

第三章 四十而不惑
——师生切磋

行可以表现在从政之上，而颜回的德行则表现在日常生活之中。仲弓曾做过季氏之宰，孔子对他的嘱咐是"先有司，赦小过，举贤才"①，仲弓为人实在，稳重，不擅口给，所以孔子教之以宽政，以德行贯彻其政治措施。作为德行弟子，仲弓亦有对仁的关切，孔子的回答是："出门如见大宾，使民如承大祭。己所不欲，勿施于人。在邦无怨，在家无怨。"②与对纯粹的政事弟子冉求、子路所言之政治原则相比，对仲弓的此番言语更接近孔子本人的政治理想，于此可见仲弓在孔子心目中的地位了。

至于原宪，在政治上的表现更近乎闵子骞。据说，孔子去世后，他隐居在穷巷之中，子贡来看他时，他"摄敝衣冠"以见，子贡以为他有病在身，他却回答说："吾闻之，无财者谓之贫，学道而不能行者谓之病，若宪，贫也，非病也。"③显然，倘若颜回能活到孔子卒后，恐怕也是此种表现。事实上，原宪之所以有如此选择，与孔子的教导也是分不开的。当他问"耻"时，孔子答道："邦有道，谷；邦无道，谷，耻也。"④

---

① 《论语·子路》。
② 《论语·颜渊》。
③ 《弟子传》。
④ 《论语·宪问》。

为避免做人上的"耻",原宪毅然选择了远离无道之邦的路。司马迁总结道:

> 季次、原宪,读书怀独行君子之德,义不苟合当世,终身空室蓬户,褐衣疏食不厌,死而已四百余年,而弟子志之不倦。[1]

这基本上符合德行弟子的一般特点。其中司马迁提到的季次,也是孔子弟子中的守节不仕者。孔子说:"天下无行,多为家臣,唯季次未尝仕。"[2]也就是说,就当时天下的政治形势而言,孔子虽然也未明确地反对弟子们从仕,但他更欣赏德行弟子的不仕。孔子当时的观点是,修道以待可用之世,这一思想,最终成为德行弟子的重要特征之一。

(五)颜回的治学之道及其与孔子的交流

颜回是后儒特别是宋明儒学家们的言语中最常提到的孔子弟子,究其原因,恐怕是他的治学之道颇多契合理学家或心学家们的心态。颜回自谓天资"不敏"[3],所以,他的治

---

[1] 《史记·游侠列传》。
[2] 同上。
[3] 《论语·颜渊》。

第三章 四十而不惑
——师生切磋

学方法很有玄思的味道,《庄子》的寓言每以颜回为主人公,原因大抵也在此处。

确切讲来,颜回的治学之道是内省式的。按孔子的说法是:

语之而不惰者,其回也与!①
回也非助我者也,于吾言无所不说。②
回之为人也,择乎中庸,得一善,则拳拳服膺而弗失之矣。③

由于他诚信孔子,所以他并不与孔子辩驳,也不轻易发表自己的看法,而是动员自己内在的全部力量,竭力让那些有益的精神在内心深处扎下根来,加以消化,最后化作自己合乎中庸的行动。这种途径,非常适合于修身做人的进程,亦且是孔子启发式教学的很好表现,子贡说颜回"闻一知十"④,想来正是颜回内省式治学的必然结果。

颜回的早夭,与其独特的治学之道大有关系。王充认为:"颜渊困于学,以才自杀。"⑤《弟子传》又云:"回

---

① 《论语·子罕》。
② 《论语·先进》。
③ 《中庸·第八章》。
④ 《论语·公冶长》。
⑤ 《论衡·命义篇》。

年二十九，发尽白，蚤死。"可以想见，在那样艰苦的物质条件下，他所从事的精神劳动又是不同寻常的沉重——双重的压力，无疑要影响他的寿命。

作为孔子心目中的好学弟子，除了政治观的完全一致以外，孔子和颜回之间的真诚的个人思想和感情交流也是孔门中动人的一幕，两人之间的那种交流、理解、切磋和相互扶持，不仅使我们一睹伟大圣哲的风采，而且也使我们深信人与人间是完全可以确立起真诚坦荡的友情的。《论语·子罕》记载如下。

颜渊喟然叹曰："仰之弥高，钻之弥坚；瞻之在前，忽焉在后。夫子循循然善诱人，博我以文，约我以礼，欲罢不能。既竭吾才，如有所立卓尔。虽欲从之，末由也已。"[1]

相传"少正卯在鲁，与孔子并。孔子之门，三盈三虚，唯颜渊不去。颜渊独知孔子圣也。"[2] 显然，颜回对孔子的认识，不仅仅是表面化的或盲目信仰。他对孔子有一个由浅入深的知性的认识过程的，而且一旦有了肯定的结论之后，便坚定

---

[1] 《论语·子罕》。
[2] 《论衡·讲瑞篇》。

第三章　四十而不惑
——师生切磋

不移地坚持到底。后来，当孔子一行周游列国在匡地遭到匡人的逐迫时，颜回落在后面。见面后孔子说："吾以女（汝）为死矣。"颜回的答语是："子在，回何敢死。"这真是令人感动的场景。孔子说："惜乎，吾见其进也，未见其止也。"①总之，他从颜回身上看到了自己行教的最佳成果。当颜回不幸早夭时，史载孔子"哭之恸"②，认为是"天丧予"③，这不仅是因为颜回是孔门中的才德第一人，也是因为"回也视予犹父也"④，孔子用传统所重的父子关系来比喻他们之间的相知相悉，这在其他弟子那里是不曾有过的。

德行之儒是孔子行教前期孔门中的主要思潮之一，也是孔子不惑之年后心事重重、进退两难的思想的实践者。德行弟子对不合理政治的批判以及坚贞操守的气节为后人广泛称道，但他们的流弊也是相当明显的。他们虽然能把握自身，坚韧自持，但缺乏积极而具体地向社会的不合理、不公道进行抗争的作为。这虽然与政权势力的残酷压迫有关，但严格说来，也是一种悲观的、相对来讲缺乏社会责任感的表现。

---

① 《论语·子罕》
② 《论语·先进》。
③ 同上。
④ 同上。

第四章
五十而知天命
——共同的政治求索

第一节 短暂的从政辉煌

（一）二次从政

季氏家臣阳虎的篡权之乱到鲁定公九年（前五〇一年）六月算是结束了。这个事件给了三桓极大的震动。可能是出于他们自身利益的考虑，或许为平息国人对这次内乱的不满情绪，三桓不得不任用当时声望很高的孔子。而这次任用，至少在形式上是做鲁国之臣，事鲁定公，至此，孔子结束了十几年的等待。这一年，孔子正是五十一岁上下。《世家》载云：

其后定公以孔子为中都宰，一年，四方皆则之。由中都宰为司空，由司空为大司寇。

司马迁言"四方皆则之",大有汉儒的夸张手笔之嫌,但他叙述的从政历程大抵还是可信的。

从鲁定公九年到鲁定公十二年孔子再次离开鲁国,孔子的从政时间尚不足四年。在这几年中,根据现存资料,孔子确实有过出色的政绩。

(二)夹谷之会

孔子从政后的主要功绩之一是鲁定公十年(前五〇〇年)的夹谷之会。事情的缘由是,自鲁定公即位以来,晋国的势力日渐衰微,所以,以前依附于晋的一些中小国家,如郑、卫、宋等,纷纷脱离晋而投向楚、齐,而鲁国则是晋的最后盟国。为此,齐鲁之间已屡次发生冲突。最后,因为晋国收留了阳虎,鲁、齐才正式修好,并决定于定公十年之春两君在夹谷会盟。这种外交上的事务,因为目的是双方和好,所以并没有武力对抗的必要,但对弱国来说,见机行事的外交才能和有理有节的斗争策略,仍是至关重要的。从前,这种场合一般是由三桓以公卿的身份相礼。这次,鲁君决定由孔子相礼(即作为助手)。这一方面是由于孔子的才能和影响,另一方面也可能是因为刚刚经过阳虎之乱的三桓没有颜面出现在诸侯面前。《公羊传·定公十二年》云:"孔子行乎季孙,三月不违。"

也说明此时的季氏急需一位贤士来收拾残局。

《左传·定公十年》云:"夏,公会齐侯于祝其,实夹谷。孔丘相。"齐人大抵知道了孔子要相盟,而齐景公与孔子多有交谈,亦知道孔子的才能和为人,特别是他坚持原则的精神。所以,齐人进行了周密的准备,包括计划让所谓的"蛮夷"之人——莱人劫持鲁定公。从《左传》的记载来看,孔子的准备亦不逊于对方。他不仅在莱人出现在盟会上时下令"士兵之!"作好了军事上的应对,而且亦有理节上的优势。孔子对齐景公说:

> 两君合好,而裔夷之俘以兵乱之,非齐君所以命诸侯也。裔不谋夏,夷不乱华,俘不干盟,兵不逼好——于神为不详,于德为愆义,于人为失礼,君必不然。

孔子的这番据理之争,把他的博学、正义感和外交才能表现得淋漓尽致,使齐景公在众目睽睽的情形下不得不让步,让莱兵退去。《左传》没有记载盟会的详细过程,只是着力描述了孔子的这一出色表现。莱兵退后,齐景公仍有意刁难鲁定公,先是在盟书的条款上做文章,后又在盟会之后提出要享鲁定公,但都遭到了孔子有理有节的抗争,还使鲁国得到实利,即孔子以盟书中一项条款作交换,收回了阳虎出逃齐国时带过去的"郓、讙、龟阴之田"①。

(三)日常政务

夹谷之会的成功,为孔子在鲁国政坛上赢得了暂时的稳固地位。在此后的一年多时间里,他从容地做了一些以自己的理想主义政治思想为基础的政务,虽未能彻底改变鲁国的政治局面,但对他自己及弟子们的思想和行为却产生了深远的影响。

《左传·定公元年》载云:"秋七月癸巳,葬鲁昭公于墓道南。孔子之为司寇也,沟而合诸墓。"因鲁昭公死在国外,又与季平子不睦。所以,尸体运回后,季平子有意把他葬在墓道南,而鲁先公则在墓道北。孔子"沟而合诸墓"的做法,就是在鲁昭公墓外为沟,扩大墓域,使之与诸先公合为一域,来纠正臣贬君的错误。我们不知季桓子等对此有何反应,但足见孔子的用意是要实现他的"正名"原则——无论如何,君毕竟是君,特别是对僭臣而言。

另外,《孟子·万章》载云:"孔子之仕鲁也,鲁人猎较,

---

① 《左传·定公十年》。

孔子亦猎较。""孔子先簿正祭器,不以四方之食供薄正。""猎较"是一种民间祭祀活动,不甚合于周礼,但由于它在民间极有影响,所以孔子并没有强行取缔,而是先参与其中,然后再说服其修正其中的祭器和献祭之物,从而达到既不违民愿,又使这种活动走上正轨的效果。这是孔子顾及社会下层的例子。当然,其总的目的还在于使社会达到有序状态。

这期间,孔子还常常受到鲁定公的召见,并与鲁定公讨论治国之道。《孟子·万章下》云:"孔子君命召,不俟驾而行。"可见孔子当时的从政热情。孔子严格按照他认定的传统的君臣准则行事,也想借此来影响一下季氏等僭臣。今存《论语》中孔子与鲁定公的问答,大抵发生在这一时期。

定公问:"君使臣,臣事君,如之何?"孔子对曰:"君使臣以礼,臣事君以忠。"①

定公问:"一言而可以兴邦,有诸?"孔子对曰:"言不可以若是,其几也。人之言曰:'为君难,为臣不易。'如知为君之难也,不几乎一言而兴邦乎?"曰:"一言而丧邦,有诸?"孔子对曰:"言不可以若是,其几也。人之言曰:'予

---

① 《论语·八佾》。

无乐乎为君,唯其言而莫予违也。'不几乎一言而丧邦乎?"①

鲁定公所问,显然关切的是加强邦君的权力和对臣下的约束,而孔子却作了针对性的强硬回答。孔子可能是想到了鲁国的先君,比如鲁昭公,在与臣下季平子的冲突中就没有贯彻"君使臣以礼"的原则。而三桓自专权以来当然也从未尽过"臣事君以忠"的义务。鲁定公自然深感上世君主的结局之惨,而自己面对的季桓依然擅权如旧,所以急于得到一个兴邦的秘诀。孔子的回答看上去很简单,甚至有些令人失望,但实际上已指明当时君臣关系上的关键。毋庸置疑,孔子的观点还是他的德政的原则——倘君臣均能恪守本分,必然是国之大治,这与他评论晋铸刑鼎的思想是一致的,并再次指出人的问题依然是那个时代政治问题的关键。

(四)弟子从政与堕三都

孔子二次仕鲁期间最重要的政事是堕三都,这可以说是他的政治宏图能否描绘到底的关键。三都是三桓的采邑,它们分别是季孙的费、叔孙的郈和孟孙的成。所谓"堕",就

---

① 《论语·子路》。

是折毁。当时，三都虽名属三桓，但实际上均为他们的邑宰所把持，成了孔子所说的"陪臣执国命"的根据地。这已是公开的秘密。但无论是三桓，还是鲁公，虽然明知这是对他们自身地位的威胁，却又无可奈何。

为堕三都，想必孔子是做了多方面的准备工作的，其中之一是用人上的准备。孔子让有勇力的子路作季氏宰，做好军事上的准备，因为三都的军事力量都很雄厚。《论语·子路》又云冉雍也是季氏之宰，想必是与子路同事季氏，一武一文，也许还有控制季氏的打算。

那时，孔子虽然很有权力，且亲自安排某些弟子从政，但他重视的却是能力，而并不是要求所有弟子都从政，从而扩充自己的政治实力。《论语》记载如下。

子使漆彤开仕。对曰："吾斯之未能信。"子说（悦）。[①]
子路使子羔为费宰。子曰："贼夫人之子。"[②]

另外，我们上章引述的闵子骞避官如避仇，也是一例。孔

---

① 《论语·公冶长》。
② 《论语·先进》。

第四章　五十而知天命
——共同的政治求索

子此时从政时,漆雕开已三十多岁,子羔(高柴)二十余岁,闵损近三十,按说都是可以从政的,为什么孔子还赞成他们的不仕呢?他说过:"三年学,不至于谷,不易得也。"①虽然此时的鲁政不像他四十多岁时那么混乱,但这并不妨碍孔子对从政所持有的极其审慎的态度。因为他认为从政之事不仅关系从政者个人,亦且关系到他人的利益及天下的有道与无道。不适合的人,学而未成之人,无自信之人,还是不仕为佳。同理,如果具备了从政条件的话,孔子是坚决支持的。

季康子问:"仲由可使从政也与?"子曰:"由也果,于从政乎何有?"曰:"赐也可使从政也与?"曰:"赐也达,于从政乎何有?"曰:"求也可使从政也与?"曰:"求也艺,于从政乎何有?"②

孔子又称"雍也可使南面"③。可见弟子中有从政才能的人都得到了孔子的支持。还有原宪,此时做孔子家宰,也是孔

---

① 《论语·泰伯》。
② 《论语·雍也》。
③ 同上。

子的政治助手。当时，子路、冉雍和原宪的从政，显然都与孔子有直接的关系。也许有人会问，孔子居下卿之位，焉有偌大的用人之权？对此，也许更值得我们领会的是，在专制政治中，一个人权力的大小，并不时时都由他的官职来决定，重要的决定因素是他的实权以及与君主和权臣的关系。孔子是在鲁国内忧外患的情势下受命，鲁定公和三桓不得不用孔子。所以，虽然职位不属最高层，但一时间的权力却是相当之大的。

总之，堕三都是孔子早有的打算，只不过是在他从政的第三年，鲁定公十二年（前四九八年），做好各方面的准备之后，才付诸实施。

因为堕三都看上去是剪除三桓各自内部的权隆胜主的邑宰，所以，起初得到了三桓和鲁君的共同支持。先是叔孙氏堕郈（可能使用和平手段），紧接着季氏就要堕费，而公山不狃等却乘子路出兵于费之际，率兵袭击空虚的鲁都。在孔子的镇静指挥之下，国人击败了公山不狃的部队，公山不狃本人逃到齐国，堕费也取得了成功。在此情形下，孟孙采邑成的邑宰公敛处父却开始出来反对。他是击败阳虎时的功臣，骁勇善战，实力也较强。他的策略是劝阻孟孙。他说："成，孟氏之保障也；无成，是无孟氏也。"并出主意道："子伪不知，我将不坠。"① 公敛处父及时效忠孟孙，又长言以劝，大抵三桓氏此时看出，堕三都的最终结局是削弱他们自己的力量，所以马上持观望态度。于是，同年"冬十二月，公围成，弗克"②。这里只讲"公"围成，不言孔子、子路等，则此时孔子和他的弟子们可能已离开了鲁国，开始了第二次流亡生活，或者是孔子已不在其位，自然也无法谋其政了。

（五）被迫再次去鲁

　　三桓同意孔子从政的动机并不纯正。他们的目的是让孔子暂缓一下三桓的困境；一旦困境过去，如果孔子能表示按三桓之意行事，三桓可能还会同意他继续从政。但孔子从沟昭公墓到堕三都，不仅无视三桓的既定规章，而且大有削弱乃至消除三桓之势。三桓到后来肯定是明白了这一点，再加上孔子的影响日盛以及适时任用弟子等，更使三桓深感不安。但是，孔子的做法颇讲究策略性，至少在表面上使三桓无法怪罪孔子，所以，只好采取软逼手段。《孟子·告子下》云：

---

① 《左传·定公十二年》。
② 同上。

孔子和他的弟子们

"孔子为鲁司寇,不用,从而祭,燔肉不至,不税(脱)冕而行。不知者以为为肉也,其知者以为为无礼也。"

《孟子》又说:"孔子于季桓子,见行可之仕也。"既然此时已到了行不可的地步了,只好一去了之。而恰巧在此时,据《世家》所云,齐人又赠送鲁国一队女乐,原因是齐人惧怕孔子治下的鲁国会对齐国形成威胁。《论语·微子》仅言其事,未言其由:"齐人归女乐,季桓子受之,三日不朝。孔子行。"仅因为三日不朝就辞职而去,这似乎有些低估了孔子的忍耐力。三日不朝只是表面现象,更深的用意是让孔子明白季氏对孔子从政做事的不满。借此也给了孔子一个体面的台阶,彼此(包括鲁定公)可以和平分手。此时,恐怕孔子也不想坚持下去,以致与三桓发生明朗化的冲突,不可收拾,甚至于危及鲁政。再说,孔子本来就是个敏感的理想主义者,他坚持"君君、臣臣"的原则,倘在三桓的作梗之下无法以臣之道事鲁君,那么,做这样的臣子还有什么意义呢?他也预料到辞职后的鲁政还将会落入三桓及其陪臣之手,待在鲁国恐怕一生都不可能再有任何政治作为了,还不如到别的国家去。于是,他决定再次出游,过流亡生活,并且一去就是十几年。

第四章 五十而知天命
——共同的政治求索

第二节 五十而知天命的积极意义

（一）天命的含义

孔子讲"五十而知天命"，这表示他的精神境界、思想认识到五十岁左右时又产生了新的飞跃。

天命的观念在孔子思想中也是个缺乏明确定义和容易引起争议的方面。这是因为孔子的天命观既有它实在的含义，又有其变化发展的历程。

孟子讲"天将降大任于是人也"，用这句话来理解孔子天命观之前期的积极意义，可以说，"大任"即相当于天之"命"。在这里，显然天的作用有两个相反的朝向。如果各种条件作用的结果能使某事朝着好的方向发展，则一旦认识到它并努力利用之，便可以达到满意的结果；而认识不到或认识有误时则后果不堪设想。反过来讲，如果各种条件作用的结果是使某事朝着坏的方向发展——尽管这些条件之中有些是积极的，那么，一旦对此有所认识并及时调整方向和强度，就可在坏的结果中减少损失——当然并不能彻底改变这种不满意的大结局；而一旦没有认识到或者认识有误，则会招致彻底的失败。在上述四种可能之中，还有几个要点要注意：其一，造成结果的所有条件时时都处在变化之中；其二，偶然事件的出现有时足以改变整个事物的运动形式、方向和结果。所以，假如某一时刻各种条件都显示出要导致好的结果的话，下一时刻则完全有可能因其中一项或几项的变化，或者因某个不利的偶然因素的出现而使事物马上或逐渐地向坏的结果转化。也许严格来讲，人的努力未尝不是那些所谓的条件之一，但如果立足于人的得失而言，你不得不做暂时的两分——将参与者或利益者分离出来。而正因为各种条件（包括人的参与）之间并不存在必然和必要的因果联系或互相控制，所以，对于人而言，这种最终的结果便宛如远离人自身的、人所不能左右的身外之物一样，古人形象地称之为"天命"。孔子"不语怪、力、乱、神"，他也许并不想使这一原则讲得过分神秘，尽管它本身对人而言是神秘的和有些悲观的。

（二）知天命

孔子五十岁时认识到的"命"，无疑是那种能导向好的结果的各种条件所形成的情势。当然，这个"命"在后来是有所变化的。

孔子认识到的"命"的具体内容就是由他来完成治理鲁国和全天下的使命。我们知道，作为殷人之后的孔子，虽然从家世背景中没有直接得到过多少益处，但他幼年的生活环

第四章　五十而知天命
——共同的政治求索

境、祖先的业绩以及鲁政的动荡，均对他的思想形成产生了深远的影响。他十五志学，初次认识到了这种使命的存在。做一个政治家是孔子终身的抱负，所以他很早就争取从政，向政治靠拢，结交政治人物，发表政见，并在四十岁的不惑之年形成了独特的、系统的政治观点。在他行将五十岁之际，鲁国的内乱给他发挥自己的政治才能创造了条件，所以有人才问"子奚不为政"。大约从此时起，孔子也觉得天之大任将要由设想变成现实。果然，他五十一岁时安然步入政坛，一时间大放异彩，几乎要左右鲁国，此时此刻，难道孔子还能怀疑"天命"确实降至他的肩上了吗？《论语·宪问》有如下记载。

公伯寮愬子路于季孙，子服景伯以告，曰："夫子固有惑志于公伯寮，吾力犹能肆诸市朝。"子曰："道之将行也与？命也；道之将废也与？命也。公伯寮其如命何？"

这件事大概发生在孔子用政之际，或许还正在堕三都期间。显然，"道之将行"就是说天命行将作为好的结果而出现，但公伯寮的行为至少在孔子看来并不属于决定天命的因素之一，因而也改变不了天命的运作结果。孟子后来也曾自信地说过:"吾之不遇鲁侯,天也。臧氏之子焉能使予不遇哉?"①

不用说,由于命将导向"道之将行",所以,这时的命是积极的,因而当孔子谈及它时也是信心百倍的。

(三)坚守"天命"

不幸的是,虽然孔子本人以身作则地实践他的理想主义式的政治目标,但现实的回答却是无情的。孔子为三桓所逼,不得不出走鲁国。即便那时他已五十四五岁,但他并不认为自己的仕途已走到极点,也没有认识到(如他六十岁以后所认识到的)他的政治理想过于高远。所以,流亡在卫时有如下记载。

> 王孙贾问曰:"与其媚于奥,宁媚于灶,何谓也?"子曰:"不然,获罪于天,无所祷也。"②

这是孔子在流亡初期的表白,以证明他对天的信任。换句话说,天决定了的事情,靠个人的祈求是改变不了的。孔子认定了天赋予他的使命尚未取消,他所认识到的是诸种条件还

---

① 《孟子·梁惠王下》。
② 《论语·八佾》。

第四章　五十而知天命
——共同的政治求索

有向好的方向发展的趋势，亦即人还可以去"弘道"①。因此，即使他在中原各地流亡中暂时陷入困顿之时还是坚持了向上奋争的精神。

孔子去曹适宋，宋司马桓魋欲杀孔子，拔其树。孔子去，弟子曰："可以速矣。"孔子曰："天生德于予，桓魋其如予何？"②

子畏于匡。曰："文王既没，文不在兹乎？天之将丧斯文也，后死者不得与于斯文也；天之未丧斯文也，匡人其如予何？"③

在陈绝粮，从者病，莫能兴。子路愠见，曰："君子亦有穷乎？"子曰："君子固穷。小人穷，斯滥矣！"④

孔子又讲："君子有三畏，畏天命，畏大人，畏圣人之言。"⑤君子与天命，或"天"与"予"的直接联系，是其他不相干的因素无法破坏的。显然，孔子在这里有一些直觉的或自我认定的倾向。

---

① 《论语·卫灵公》："人能弘道，非道弘人。"
② 《世家》。
③ 《论语·子罕》。
④ 《论语·卫灵公》。
⑤ 《论语·季氏》。

总之，孔子讲的"五十而知天命"，是认为他在这一时刻已真正地从思想到实践中担负起了天之大命，即用他的思想并通过他所主导的现实的政治行为去改变天下的混乱无序，去重建礼乐文制、长幼尊卑、仁义忠孝等为主干的新的社会格局。

在此，值得强调的是，孔子的这种政治努力并不是单枪匹马地进行的，除了有一时间的君主的信赖、权臣的让道及国人的支持之外，他的众多弟子，特别是其中的政事弟子，给予了他全力的支持（尽管也存在某种反动），而这些弟子，无疑也在孔子的十几年的政治流亡中得到了锤炼。

第三节　前期流亡生涯中的追求

（一）最初的游历与随行弟子

孔子何年何月离开鲁国实属难定，观上文所述，大抵不出鲁昭公十二、三年（前四八八、四八七年），此时孔子是五十四、五岁。《孟子·万章下》曰："（孔子）去鲁，曰：'迟迟吾行也。'去父母国之道也。"留恋之情溢于言表。虽然他事事循道而行，但治国之道似乎与他又疏远了。我们可以想象孔子离开鲁国时的心绪——在"迟迟"的背后，是愤懑、悔恨，还是失望呢？也许从他十几年的流亡中能找到部分答案。

第四章 五十而知天命
——共同的政治求索

孔子在外邦流亡十三四年,而讲到具体的行程,即何年何月离开何处至何处,又在什么地方滞留多久,史籍记载多有出入,以至于无法确定。首先大胆描述孔子一行之行程的《史记·孔子世家》亦自相矛盾,且言语记事之间多有明显的不实之处。所以,最好的办法是不去详述孔子的行程,以免顾此失彼。这十几年也是孔子先进弟子,特别是其中的从政弟子走向成熟的关键时期。此时的孔子,由于闲暇时多,与弟子们的交流也就多了起来,加之游历各国各地,以所见所闻进行实地实例的教导,效果颇佳。

这时期跟随孔子游历的弟子,所谓七十贤人中确定无疑的有颜路、颜回、子路、子贡、冉求和公西华,此外还有公良孺、颜刻等。其中的一些弟子,由于这段不凡的经历,加之孔子的影响力或推荐作用,先后从仕,子贡和冉求仕于鲁,子路和高柴仕于卫等,成为孔门弟子中的从政佼佼者。

(二)从政的急迫

孔门一行人到达的第一站是卫国。卫国毗连鲁国,其时在位是卫灵公。孔子断言:"鲁卫之政,兄弟也。"[①]可见

---

① 《论语·子路》。

两国各方面的情状多有相似之处，所以孔子选择了卫国，但卫国根本没有任用他的意思，只是以客礼待之。原因可能是：其一，孔子曾是鲁国大夫，又是文化名人，所以不能轻慢；其二，孔子是三桓的敌手，卫君不想贸然与邻国的权贵为怨。在那个时代，各国君主均以招贤标榜（尽管贤的标准不一），所以，对于"名"人，虽不用亦不能慢待。在这种情况下，孔子只好先离开卫国。但在此后十几年中，孔子曾数次出入卫国。主要原因可能是卫君的态度总不明朗，又能在生计上多予帮助，亦可能是距鲁国较近，所以，每在它处遇到无法躲避的危险时，孔子便来到卫国。他在卫国常住在颜雠由和蘧伯玉等贤大夫家中，这也多少能给他一些安慰。

六十岁以前的孔子，对于付他以重任的那种"天命"还未绝望。他宣称："君子病无能焉，不病人之不己知也。"① 所以还是在振作精神，竭力争取一切机会再次从政。《论语·雍也》云：

子见南子，子路不说（悦）。夫子矢之曰："予所否者，天厌之，天厌之。"

---

① 《论语·卫灵公》。

第四章 五十而知天命
——共同的政治求索

南子是卫君的夫人,据《左传》记载是位淫乱女子,名声不佳。孔子去见她,极可能是主动求见,而不像《世家》掩饰的那样是受召而见。孔子之所以那样做,无非是在得知南子对卫君有极大影响力的情形下,想让南子去说通卫君,或者是想通过礼节性的拜访南子而使卫君对他增加一些好感,这与他求仕心切的情形是一致的。显然,这些隐情是无法和弟子们解释清楚并让他们接受的。直性子的子路出面反对,孔子也只能用他一向信赖的"天"作起誓。这种情形在孔门之中并不罕见,特别是在孔子与其先进弟子之间。

孔子见南子大抵未有什么收获,但这件事在很大程度上暴露出孔子此时对从政的渴望。在游历中,子贡巧妙地问道:"有美玉于斯,韫椟而藏诸?求善贾而沽诸?"孔子肯定地回答:"沽之哉,沽之哉!我待贾者也。"① 在这种心情的驱策下,孔子有时甚至会有一些不该有的冲动。他五十八岁时,晋国中牟邑宰佛肸发动叛乱,招孔子去,孔子竟准备前往,他的理由是:"不曰坚乎,磨而不磷;不曰白乎,涅而不缁。吾岂匏瓜也哉?焉能系而不食?"② 孟子也说:"传曰:

---

① 《论语·子罕》。
② 《论语·阳货》。

孔子三月无君，则皇皇如也，出疆必载质。……士之失位也，犹诸侯之失国家也。"① 孔子不想使自己成为没有实用价值的匏瓜，更烦厌长时间的无君，所以，才欲以后儒所谓的"入于污泥而不染"的精神准备去利用叛者的力量。但是，与应公山弗扰时的情形一样，其实并不符合孔子的政治主张。此事理所当然地遭到了子路的反对，大概孔子也终觉不妥，所以没有成行。这件事情也告诉我们，孔子并不是完人，虽然他的皇皇如也的心情我们可以理解，但至少在一些事情的细节上，他也会有失控的时候。

孔子虽然身在国外，但却时刻关心着鲁国国内发生的事情，甚至还常派弟子回去探听（因为他自己是无法回去的）。鲁定公十五年（前四九五年），邾隐公访问鲁国，子贡就奉命回去参观。他回来后讲述了他的见闻，并毫无讳言地批评了邾、鲁二君的失礼行为。特别是鲁定公，子贡认为他有病兆，结果那一年鲁定公果然卒去。孔子说："赐不幸而言中。"② 又鲁哀公三年（前四九二年），鲁宫遭火灾，烧毁了桓庙和僖庙，孔子那时在陈，却猜中了这件事。可见他身虽在外，

---

① 《孟子·滕文公下》。
② 《左传·定公十五年》。

但内心之中依然关注着鲁政。只是由于他是被逼而去鲁，他认为自己无过，所以只有被当政者邀请才能回去。

除在卫国多次滞留外，孔子还先后去过郑、宋、曹、蔡和陈等国，在许多地方，比如匡和蒲等处，还遇到过一些劫难，所幸的是终未酿成大祸。这些磨难是对孔子的打击和否定性的回应，也可以说是考验和鞭策。至少在六十岁之前，孔子更倾向于认定后一种可能。

第四节 政事弟子在孔门中的地位

（一）子路、子贡和冉求的性格特点及政治表现

孔子一向认为弟子们应各自发挥自己的特长，只要大的方向不谬，完全可以作个人的选择。同时，孔子一生为政治奔波，这方面也需要有一些志同道合的弟子。孔子六十岁前的先进弟子亦以事功为要，所以，孔门中曾涌现出许多政治人物，其中尤以子路、子贡和冉求最为出色。子路和冉求是孔子心目中的政事弟子，子贡虽在"言语"之科，但他在外交上也很有才能。

子路姓季名由，亦曰仲由，字子路卞人，少孔子九岁。子贡姓端沐，名赐，字子贡，亦曰子赣，卫人，少孔子

三十一岁。冉求姓冉名求，字子有，鲁人，少孔子二十五岁。[①]《荀子·大略》曰："子赣、季路，故鄙人也。"大抵是出生贫寒人家。至于冉求，"少也贱，多鄙事，故艺"，此可证明冉求的出身并不在社会上层，至多是破落人家，以至于多才多艺。

令人感兴趣的是三位从政弟子颇具特色的性格，以及他们的性格与他们的政治风格、政治成就的联系。

子路是孔门中有名的勇武之人，孔子谓"自吾有由，恶言不入于耳"，可见子路的威名确实不同寻常。孔子评论他的性格是"由也喭"，"由也兼人"[②]，喭是"刚猛"之意，兼人即不礼让于人。因此，子路的日常行为也是直来直去，毫无委婉可言。《论语·公冶长》云："子路有闻，未之能行，唯恐有闻。"他的扎实的行为，虽有过分拘泥之嫌，但其中透露出的憨直性格，亦足以使一般人为之怵惕了。子路一生坚持自己的性格特点，这表现在他与孔子的问答之中。比如，他曾有君子是否"尚勇"之问[③]，与孔子讨论"强"

---

① 《弟子传》。
② 《论语·先进》。
③ 《论语·阳货》。

第四章　五十而知天命
——共同的政治求索

的问题①，孔子的回答，并不一概地否认勇和强的价值，而是强调用义和中来调节勇力的方向和力度。

子贡的性格特点可以说与子路正好相反，他出身商贾之家，虽有他自矜的一面，但其性格的趋势却是谨慎之中不乏机智。以上两方面的特点，使子贡成为一个颇为关心自己个人形象的弟子。他很关心其他弟子在孔子心目中的地位，比如他问"师与商也孰贤"②，又直问孔子"赐也亦有恶乎？"③对于子贡喜欢议论人之短长的特点，有时孔子亦提出批评："赐也贤乎哉？夫我则不暇。"④还劝诫他"己所不欲，勿施于人"⑤。孔子之所以有如此委婉的批评，是因为子贡与子路不同。子路有过在于无知，子贡有过则在于多知。子贡向孔子请教，总喜欢就某一问题先摆出自己的看法，然后再听孔子的看法。他有一次问孔子："君子之所以贵玉而贱珉者，何也？为夫玉少而珉之多邪？"⑥我们且不说子贡的见解是否有错，但就他的问法而言，便知这不可能是子路之所为。

---

① 《中庸》第十章。
② 《论语·先进》。
③ 《论语·阳货》。
④ 《论语·宪问》。
⑤ 《论语·卫灵公》。
⑥ 《荀子·法行》。

从现存材料中我们未看到孔子对冉求性格的评论,但从他的政治表现及孔子"求也艺"的说法中,可知冉求既有丰富的社会经验,又有执著的政治追求,坚韧之中又不乏灵活善变,是典型的政治实干家的性格。《论语·子路》云:

子适卫,冉有仆。子曰:"庶矣哉!"冉有曰:"既庶矣,又何加焉?"曰:"富之。"曰:"既富矣,又何加焉?"曰:"教之。"

这是孔子赴卫国,冉求为孔子驾车时师生二人之间的一番对答。从这一问一答中,既看不出子路的面目,也寻不见子贡的影子。因为子路不会一路追问,而子贡则很可能先有一番见地。

以上三位弟子不同的性格特点,在他们的政治行为中亦有相应的表现。孔子认为此三人均具从政的素质,子路果敢,子贡通达,冉求多艺,可惜的是,孔子从政时,只有岁数较大的子路得以辅助,不然的话,孔子的仕途可能更要丰富多彩一些的。

三位弟子都有过"问政"、"问大臣"和"问事君"之问。子路关心事君,孔子回答:"勿欺也,而犯之"[①],正

---

① 《论语·宪问》。

符合子路的性格,他虽认为子路具备了为臣之数,同时却又肯定他是"弑父与君,亦不从也"①。可见孔子相信子路是勇而不乱的。子贡自恃辩才,更关心如何成就"士"的事业,孔子亦顺其特点曰:"行己有耻,使于四方,不辱君命。"②鼓励他发挥自己的外交才能。对冉求,孔子说:"千室之邑,百乘之家,求也可使治其赋。"③冉求后来果然为季氏聚敛。

从具体的政治表现上看,孔子说:"片言可以折狱者,其由与也?"④根据一方讼辞就可定案,这是子路以自己的耿直之性去衡量他人的表现之一。在孔子流亡生活的后期,卫君任命子路去做蒲地的大夫,据说此地颇多壮士,难于治理。子路了解壮士们的脾性,因人施政,终于服众。数年之后孔子路过时,称赞了子路的政绩。后来子路又去卫都做卫大夫孔悝的家宰,最后死于一次内乱之中。子路战死时的情形最能体现他的性格。当时,子路本可以避开此祸,但他以为"利其禄,必救其患",孤身入险,且在临终之时还要"结缨",

---

① 《论语·先进》。
② 《论语·子路》。
③ 《弟子传》。
④ 《论语·颜渊》。

以为"君子死,冠不免",充分体现出他的耿直、勇武的气质。①

在孔子弟子当中,子贡的政治志向是相当高远的,《论语·雍也》云:

> 子贡曰:"如有博施于民而能济众,何如?可谓仁乎?"子曰:"何事于仁,必也圣乎!"

用孔子的话来讲,子贡的追求目标是要达到圣的境界,这在弟子中亦是十分少见的。根据现存材料,子贡的从政经历不甚明了,只是据于《世家》,"故子贡一出,存鲁,乱齐,破吴,强鲁而霸越。子贡一使,使势相破,十年之中,五国各有变。"②其中的诸多细节,司马迁可能行文之间多有夸张,但子贡的政治才能主要表现在"使令于君前"却是无可置疑的。子贡又敢于大胆发表议论,如他说:"纣之不善,不如是之甚也。是以君子恶居下流,天下之恶皆归焉。"③《论语》中亦有子夏、曾子、颜回等独立发表的见解,但却无人能比得上子贡的大胆和立论高远。虽然是举例言理,却极少有人敢涉为纣王辩

---

① 《左传·哀公十五年》。
② 详见《史记》之《吴太伯世家》、《孔子世家》及《伍子胥列传》等篇。
③ 《论语·子张》。

护之嫌。子贡一生的言行，完全符合他机智、自傲的性格。显然，与冉求相比，子贡性格不适于长期从政。孔子去世后，子贡坚持经商，可谓找到了一条适合他脾性的道路。

（二）冉求的政治成就及其与孔学的分歧

在孔门从政弟子当中，冉求的政治天赋要高于其他弟子，他有敏锐的政治眼光、现实主义的政治态度，又恰逢良好的政治时机，所以成为从政弟子中的最高成就者。孔子认为"求也艺"，《弟子传》又云"千室之邑，百乘之家，求也可使治其赋"，这是讲他的理财之能。哀公十一年（前四八四年）鲁国在清地的对齐之战中，冉求又显露出了高超的军事才能。孔子去世前他是季氏之宰，季氏的许多重大决策都有他的参与。孔子一生追求从政，但在鲁国却始终不见任用，原因就是季氏的反对，但季氏却任用了许多位孔子弟子，这些弟子中最受季氏看重的是冉求，而冉求亦能贯彻季氏的意志。单从这一侧面来看，我们便会觉察到冉求的政治主张与孔子的政治思想是有分歧的。

事实上，冉求的从政与孔子亦大有关系。据《世家》，哀公三年（前四九二年）季桓子卒时，曾嘱咐其嗣康子召回孔子，后来，康子恐不能用之以终，才决定任用冉求。此时的冉求三十岁左右，此之前他是否有过从政的经历，我们不得而知。孔子说"求也艺"，正是讲给季康子的，可能那时的康子尚未主政，但由于耳闻过孔子的赞誉，所以才选中了冉求。

前文曾引用过"子适卫，冉有仆"，可见起初冉求还是相当忠诚于孔子的。在随孔子流亡的几年中，想必也从孔子那里学到了不少东西，但也许那时他也思考过孔子之所以与季氏发生政治冲突的原因，所以，当他仕于季氏之后，所采取的政治策略便完全不同于孔子了。冉求后来力劝季康子召回孔子，不过是师生情分的表现，并不表示他要接受孔子的政治指导。但孔子可是一本正经地与冉求的悖逆行为展开了强硬的斗争。对师徒二人的这方面的分歧，《论语》等书载之颇多。大概是孔子流亡结束，回国后不久，就发生了季氏僭礼旅于泰山之事。孔子问冉求能否劝止，冉求的回答是"不能"[①]，这使孔子慨叹良多。此事要让孔子当年遇上，是一定会去设法制止的，即使果真不能阻止，孔子也会愤然辞职。但冉求以为，季氏的旅泰山，与他的去留有何关系？如果为此而离去，许多该做的事反倒做不成了。这也许是师徒二人最大的不同。孔子的政治原则是明朗而坚定的，其中并不含

---

① 《论语·八佾》。

第四章　五十而知天命
——共同的政治求索

有让步。但冉求并没有书生般的原则，他具有政治家的务实头脑，他不会因为季氏的僭礼而想到整个天下如何，也并不认为自己可以肩负起天下的责任。由于这种根本的不同，师生的政治矛盾肯定还会加深。后来季氏又要伐颛臾，孔子认为颛臾虽在名义上不属鲁国，但实际上也算是社稷之臣，不该去讨伐。然而，站在季氏立场上的冉求却为季氏辩护，孔子愤然斥道"焉用彼相"，批评他没有尽到为相的责任。

更严重的事情还在后头。哀公十一年（前四八四年），季氏要推行新的田赋制度，加重田税，让冉求去征求孔子的意见，去了三次，孔子才对冉求明确表达了自己的反对意见。①孔子认为，季氏用田赋，并不是富足国家的做法，因为百姓富足国家才能富足。季氏想使自己致富，贪得无厌，这不符合孔子"不患寡而患不均"的原则。而冉求并非不知孔子的观点，但他宁可背弃老师，也不愿忤逆季氏。田赋在第二年实行了，冉求与孔子的分歧无疑也加深了。结果是：

> 季氏富于周公，而求也为之聚敛而附益之。子曰："非吾徒也。小子鸣鼓而攻之，可也。"②

---

① 详见《左传·哀公十一年》。
② 《论语·先进》。

弟子们是否真的去鸣鼓而攻之，史书无载，但我们完全可以说，冉求与孔学的分歧，已超出了门户之内的争议了。冉求的政治表现，构成了对孔子政治思想的否定。冉求不赞成孔子的政治原则，在他的心目中，孔子奉为神圣的周礼并非不可侵犯，孔子的理想主义政治观无疑应降落到实地上来，而这些都是孔子所无法忍受的。这样一来，即使日常的小事，二人也要有一番分辩。《论语·子路》载：

> 冉子退朝。子曰："何晏（晚）也？"对曰："有政。"子曰："其事也。如有政，虽不吾以，吾其与闻之。"

晚年的孔子，对于冉求这样的老资格的先进弟子，显然已无法像从前那样地进行管教，想必心中已有无限悲凉。

（三）三位弟子对"学"的轻视

"学"在孔门中的地位自不待言。学，自然有"学知识"的一面，但孔门中的要义是学做人，尽管这两个方面是相互关联的。子贡、冉求和子路这三位弟子，不仅有政事弟子的共同身份，而且对学都持有一定的保留态度。也就是说，他们不仅不是严格意义上的好学之徒，而且对学缺乏诚恳的态

第四章　五十而知天命
——共同的政治求索

度,轻视学的地位,这在孔门之中也是不多见的。

　　相对来讲,三人之中子贡更留意一些学的问题,他问过"为仁"、"君子"和"友"等方面的问题,其主旨不外乎从政和处人两方面。而子贡的所谓处人与孔子的学做人又不相同,主要关切的是自己在他人心目中的地位。《韩诗外传》载子贡谓孔子语云:"弟子事夫子有年矣,才竭而智罢,倦于学问,不能复进,请一休焉。"[①]而冉求的想法则是:"非不悦子之道,力不足也。"[②] 他们实质上是不悦孔子之道的某一方面,特别是政治之道,所以几乎提出了相同的借口,要求孔子放松对他们的学的要求。不知孔子能否明白他们的最终理由,但无论如何是不能让他们以这种借口站稳脚跟。对子贡,孔子正告他,在学问上,因为关乎一生的做人,所以,合棺之时才有休止。对冉求,孔子则明白地批评他是划地为牢,故意不求上进。本来,孔门的学问并非完全是知识的灌输,所以,即使是学才颜回,亦有"欲罢"的阶段,但颜回是欲罢而不能,这使孔子相信,只要有做仁人的理想,在学问之道上是不该有倦怠的想法的。子贡、冉求的想法,只能证明他们想在政

---

① 又见《列子》及《荀子·大略》。
② 《论语·雍也》。

治思想上脱离孔学的约束。

　　子路轻视学问的表现与子贡、冉求有所不同。孔子反对子路让子羔做费宰之事，大抵孔子以为子羔学问之道尚欠精熟，费邑又是难治之地，所以批评子路"贼夫人之子"。子路争辩道："有民人焉，有社稷焉。何必读书，然后为学？"① 显然，子路的疑问并不是深思熟虑的，他只是泛泛地认为从政者不必有多么高深的学问。孔子曾对子路言所谓"六言六蔽"，强调学的重要性，也是针对子路的上述态度而言的。

　　这三位弟子由于轻视学问之道，所以，在孔门之中又属缺仁乏礼之辈。子贡虽多问"仁"于孔子，但由于他倦于学问又欠缺身体力行，所以，仁到底是什么，他根本就无所知，《论语·宪问》曾载有子贡与孔子讨论管仲的一段对话。照子贡看来，管仲起先辅助公子纠，但齐桓公杀了公子纠之后，管仲不仅没有守节从死，反而又去辅佐桓公，所以子贡以为管仲不是仁者。但孔子看重的是管仲辅佐齐桓公所成就的业绩，"微管仲，吾其被发左衽"，也许要沦为夷狄之人了，从这一角度看，那些匹夫匹妇的无原则的守节反而毫无价值了，显见子贡的见解有些片面，并未把握住仁的核心。他只看到了杀死公子纠的非仁，

---

① 《论语·先进》。

第四章 五十而知天命
——共同的政治求索

却未看到齐桓公的一匡天下之仁。余下的二子,《弟子传》云:

季康子问孔子曰:"冉求仁乎?"曰:"千室之邑,百乘之家,求也可使治其赋,仁则吾不知也。"复问,"子路仁乎?"孔子对曰:"如求。"

讲到三子对礼的认识,《论语·八佾》云:

子贡欲去告朔之饩羊。子曰:"赐也,尔爱其羊,我爱其礼。"

显然,子贡对周礼并不怎样看重。那么冉求如何呢?

子华使于齐,冉子为其母请粟。子曰:"与之釜。"请益,曰:"与之庾。"冉子与之粟五秉。子曰:"赤之适齐也,乘肥马,衣轻裘。吾闻之也,君子周急不继富。"[1]

公西赤字子华,鲁人,少孔子四十二岁[2],与子贡一样,大抵也是冉求仕鲁后在鲁从政的孔子弟子,无疑也是冉求

---

[1] 《论语·雍也》。
[2] 《弟子传》。

107

的同道人，否则，冉求也不会为其母请粟了。孔子曾断言："赤也，束带立于朝，可使与宾客言也，不知其仁也。"①既然缺仁乏礼，当然也是孔子政治思想的反对者。不过，有趣的是冉求回答孔子的一段话："方六七十，如五六十，求也为之，比及三年，可使足民。如其礼乐，以俟君子。"②明确表示自己对兴礼作乐之类不太在行，只有另请高明。

毫无疑问，子路对礼乐的认识也是相当肤浅的，《礼记·檀弓》云：

> 子路有姊之丧，可以除之矣，而弗除也。孔子曰："何弗除也？"子路曰："吾寡兄弟而弗忍也。"孔子曰："先王制礼，行道之人皆弗忍也。"子路闻之，遂除之。

子路的不循礼，其根源不像子贡、冉求等是认为周礼对新的当权者有障碍，应该废除，而是很愿意守礼，但由于自己是武人，平时不太喜欢学，所以，一旦做起来，不是过之，就是不及。再联想到他的"结缨而死"，又不免使我们对他的食礼不化发出慨叹。

---

① 《论语·公冶长》。
② 《论语·先进》。

第四章 五十而知天命
——共同的政治求索

孔子曾给予过三子以适时适量的批评。对冉求的批评为"非吾徒也"的愤慨，证明了已无他话可言。对于子贡，《弟子传》即有云："子贡利口巧辞，孔子常黜其辩"，又云："子贡喜扬人之美，不能匿人之过"，常受孔子的批评自在情理之中。有一次子贡向孔子自诩道："我不欲人之加诸我也，我亦欲无加诸人。"孔子不客气地回答说："赐也，非尔所及也。"① 子贡的这种特点在从政上的表现，用孔子的话说是宗庙之器"瑚琏"②，这一方面是称许他的政治才能，但从"君子不器"的观点来看，子贡显然还算不上是君子。

对子路的批评，孔子是严厉之中暗含着关切和怜爱，从总的倾向上看，孔子认为是："由也升堂矣，未入于室也。"也就是说，从内心讲，子路是积极上进的，不过是由于客观条件所限而达不到高层次而已。从此意义上讲，虽然子路也怀疑孔子的政治思想③，但与冉求等人的出发点却是不同的。所以，将子路与子贡、冉求归为一派确有些偏重表面之嫌。孔子所谓的政事弟子，仅指那些在从政方面有突出成就者。

---

① 《论语·公冶长》。
② 同上。
③ 《论语·子路》：子路曰："卫君待子而为政，子将奚先？"子曰："必也正名乎！"子路曰："有是哉，子之迂也！奚其正？"

但是，从孔子的从政经历中我们便可看出，凡能在政坛上长期站住脚的，必是与他的政治理想相违背者。当然，孔子希望从政弟子忠于他们的上司，但更希望他们以理义为折中；政事弟子的成就和地位自然会给他增添光彩，但何尝不也是增添了沉重的忧虑呢？

（四）子贡对孔子声名的播扬

子贡虽称不上是孔门之中的好学之徒，但在以自己独特的方式于孔子生前身后维护并传播孔子之声名方面，却没有其他弟子能与之相匹。况且，像在孔子这样的新型教育中，师生之间在某些问题上的思想分歧并不影响他们的私人关系。具体到子贡，尽管多受孔子批评，但他是"达"人，通达之人，不仅知道孔子的批评并无恶意，同时还以各种方式接近孔子，力图使自己有所长进。从孔子来讲，他原则上并不想改变任何人的性格，只是努力引导各种性格中的积极的方面。对于子贡，孔子批评他的巧辞利口，但却欣赏他的反应敏捷。他们二人在一次讨论《诗》之后，孔子称赞子贡是"告诸往而知来者"[①]。总之，子贡对孔子的学问和人格是极其崇敬的。

---

① 《论语·学而》。

第四章　五十而知天命
——共同的政治求索

他曾叹道:"夫子之文章,可得而闻也;夫子之言性与天道,不可得而闻也。"① 流亡后期,孔子曾说:"予欲无言。"子贡马上诚恳地讲道:"子如不言,则小子何述焉?"② 可见其对孔子的景仰之情。但是,与颜回对孔子的崇敬相比,子贡并没有颜回的那种"夫子能,回何不能"的向孔子倾心学习的精神,而是像一个局外人,对孔子作一些赞颂而已,这一不足,与他倦于学的情绪也是相一致的。

孔子去世后,据说只有子贡在孔子墓旁服丧六年,足见其对孔子的无限热爱。事实上,因为孔子的影响很大,所以他去世后自会有种种褒贬的议论。《论语·子张》多载此种事实,比如叔孙武叔,曾用种种方式诋毁孔子,子贡正告他道:"无以为也,仲尼不可毁也。"司马迁断言道:

子赣既学于仲尼,退而仕于卫,废著鬻财于曹、鲁之间,七十子之徒,赐最为饶益。……子贡结驷连骑,束帛之币以聘享诸侯,所至,国君无不分庭与之抗礼。夫使孔子之名布扬于天下者,子贡先后之也。此所谓得执而益彰者乎?③

---

① 《论语·公冶长》。
② 《论语·阳货》。
③ 《史记·货殖列传》。

司马迁之意是说，子贡利用自己的政治才能和经济实力与各国君主分庭抗礼，这便直接和间接地布扬了孔子的名声。因为他毕竟是孔子弟子，且他本人亦以此为荣。

子贡没有、大抵也不可能有学术上的传人，有子端沐叔者，所承继的只是子贡生前累积的财富。世传子贡善货殖，孔子亦云："赐不受命，而货殖焉，意则屡中。"想见他是有经商的天赋。不过这已越出了孔门的范围，还是不去详述为当。

第五节　孔门的任侠弟子

（一）漆彫开与任侠之儒

韩非的八儒之分中有"漆彫氏之儒"一派，由于他并没有进而言明各派的思想特色，所以具体到这派儒者，也使我们无从明了其思想之来龙去脉。陶潜《圣贤群辅录》云："漆彫氏传《礼》为道，为恭俭庄敬之儒。"语言模糊，又不知有何依据，从各方面之情形言之，最可靠的方法还是从孔门中的"漆彫"弟子来追寻这一派的思想趋向。

《弟子传》中不见于书传者有漆彫哆（字与敛）和漆彫徒父（字固）二人。由于此二子无事迹见传，显然从他们身上是无从寻得漆彫氏之儒的线索的。

第四章 五十而知天命
——共同的政治求索

孔门中著名的漆雕氏弟子是漆雕开,字子若,又云名启,字子开,鲁人,少孔子十一岁,大抵是孔门的先进弟子。孔门先进弟子以事功为主,但其中亦不乏对现实政治持批判意见者。前文引《论语》"子使漆雕开仕",漆雕开的回答是"吾斯之未能信",这可以理解为对从政缺乏自信,也可以理解为对现实政治缺乏信心,或者二者兼而有之。这样,与闵子骞一样,像漆雕开这种人,从根本上讲是不会与现政权进行合作的。与其合作,还不如用一定的方式与之抗衡。闵子骞采取的是批判与躲避的方法,至于漆雕氏呢:

漆雕之议(仪),不色挠,不目逃,行曲则违于臧获,行直则怒于诸侯,世主以为廉而礼之。[①]

北宫黝之养勇也,不肤挠,不目逃。思以一毫挫于人,若挞之于市朝。不受于褐宽博,亦不受于万乘之君。视刺万乘之君,若刺褐夫。无严诸侯,恶声至,必反之。[②]

《孟子》又载曾子语云:"吾尝闻大勇于夫子矣:自反而不缩,

---

① 《韩非子·显学》。
② 《孟子·公孙丑上》。

虽褐宽博,吾不惴焉。自反而缩,虽千万人,吾往矣。"①《墨子·非儒》又贬儒者云:"漆雕刑残,莫大焉。"因为有以上的这些说法,郭沫若断言漆雕氏之儒是任侠一派,并论:"大约这位北宫先生也就是漆雕氏之儒的一人了。《礼记》有《儒行篇》,盛称儒者之刚毅特立,或许也就是这一派儒者的典籍吧。"②假如这种论断能够成立,《吕氏春秋》中的《忠廉》、《士节》、《高义》等十数篇,则可以说是任侠之士的言行记载或这一派人的典籍。这里所谓的派,并不一定是指那种有特定首领的宗派,而是讲在那个时代,有那么一些人,敢于与不合理的政治进行抗争。在儒家而言,孔子死后,有部分弟子也成为这一阶层中的成员,而其中的漆雕氏,现在看来更可能是漆雕开,成为这些儒者的带头人,故有漆雕氏之儒的说法。与孔子相比,这一派儒者虽然缺乏孔子所特有的政治灵活性,但他们对政治势力的斗争精神,也在一定意义上批判了德行之儒的退让精神和政事之儒的随波逐流的趋向,显然又是孔门之中的一股新潮流。

---

① 《孟子·公孙丑上》。
② 郭沫若:《十批判书》,人民出版社,一九五六年六月一版,一二八——一二九页。

（二）宓子贱与巫马期的政治作为

《论衡·本性篇》又云：

周人世硕，以为人性有善有恶。举人之善性，养而致之则善长；恶性，养而致之则恶长。如此，则情性各有阴阳，善恶有所养焉。故世子作《养性书》一篇。宓子贱、漆彫开、公孙尼子之徒，亦论情性，与世子相出入，皆言性有善有恶。

王充此论如属确然，则漆雕开亦当是位不愿从仕的学者，或者是作为侠士亦有学者的一面。《汉书·艺文志》有《漆雕子十二篇》，其中亦有言论性情的内容。

王充又提到孔子弟子宓子贱，《弟子传》云："宓不齐字子贱。少孔子三十岁，鲁人。"《汉志》有《宓子》十六篇，又有《景子》三篇，班固云："说宓子语，似其弟子。"这说明，虽然宓子之学不能确定，但其学问可能甚有影响，以至亦有传学之弟子。

孔子曾称赞宓子道："君子哉若人！鲁无君子者，斯焉取斯？"① 可见他在做人上是相当有成就的。照现存史料来看，

---

① 《论语·公冶长》。

宓子的君子之行更多地体现在了从政方面。据《弟子传》，宓子做过鲁单父之宰。单父这个地方不大，但宓子似乎是拿出了治天下的精神来治理，不仅悯惜民生，而且大举贤才，所以，孔子叹惜道："惜哉！不齐所治者小，所治者大则庶几矣。"[1] 司马迁则总结道："子产治郑，民不能欺，子贱治单父，民不忍欺；西门豹治邺，民不敢欺。"[2] 这说明宓子贱是孔子的德治主义的实行者。宓子的结局很不幸，《韩子·难言》云："宓子贱、西门豹，不斗而死人手……此皆世之仁贤忠良有道术之士也，不幸而遇悖乱暗惑之主而死。"可见显然宓子所治者小，但还是免不了与政权势力的冲突，此一事实亦可说是对孔子政治思想的一种挑战吧。

　　孔子弟子又有巫马期者，据说也做过单父之宰。《弟子传》作巫马施，字子旗，少孔子三十岁，鲁人，与宓子贱一样，都是孔门先进弟子。《论语·述而》中只一句"揖巫马期而进之曰"，并没有较具体的记载。据《吕氏春秋·察贤》云，宓子贱任人，巫马期任力，单父同样得治。可见巫马期乃一憨直之人，勤于事务，事事亲临处理，大抵与子路是一路之人。

---

[1] 《弟子传》。
[2] 《史记·滑稽列传》。

此二子是孔子从政弟子中的又一类型。特别是宓子贱，与冉求等不同，坚持孔子的政治原则，不苟同于政治权势，确切来讲，在乎冉求与漆雕之间，既从政，又守节，虽未实现其理想，但亦不失为孔门中有特色的弟子。

第六节　孔子政治思想之不足

（一）孔子政治思想的由来

孔子一生的政治追求与他的政治思想互为表里，之间的关系是密不可分的。无论他在实际政治中是得意还是失意，他都不曾放弃自己的政治主张。孔子是位严格的理想主义者，他认定的主张，首先是要求自己来履践的。

孔子政治思想的中心是德治，这一主张与他当时对社会现状的认识有直接的关联。这是因为，一个人的思想认识，特别是对社会现状的考虑，与他对现实的个人看法息息相关。虽说社会现状本身是认识的客观基础，但在相同的时代，不同的人都会有不同的政治见解，这一事实本身显然说明个人的认识对自身观点的形成更具决定性的影响。而他的个人认识的形成则与他的生长历程，特别是他的思想成型时的见识有着非同寻常的关系。而伴随着孔子成长历程的是什么呢？

> 孔子和他的弟子们

史籍云:

> 周衰,礼废乐坏,大小相逾,管仲之家,兼备三归。循法守正者见侮于世,奢溢僭盖者谓之显荣。孔子曰:"必也正名。"①
> 于时周室衰,王道绝,诸侯力政,强劫弱,众暴寡,百姓靡安,莫之纲纪,礼义废坏,人伦不理。于是孔子自东自西,自南自北,匍匐救之。②

孔子为儿嬉戏时就喜欢陈俎豆,设礼容,十五志于学时已接触到了古时的文物典章,成人后又求教于深谙周礼的郯子,但他后来感受尤深的是社会现实与他心目中的理想的社会大相径庭。这时的孔子,并不认为周礼所体现的文制出了问题,而是现实中的人,特别是在位者的思想堕落了。如后来孟子所言,是他们放掉了本心。所以,要紧的是解决人的问题,要归拢人心,重新接受周礼的约束,(当然,孔子的周礼并不完全是周公的周礼。)这就是孔子所谓的"正名",用孔子的话来讲,就是:

---

① 《史记·礼书》。
② 《韩诗外传》。

第四章 五十而知天命
——共同的政治求索

名不正,则言不顺;言不顺,则事不成;事不成,则礼乐不兴;礼乐不兴,则刑罚不中;刑罚不中,则民无所措手足。①

其实,当孔子第一次出游齐国答齐景公问政时就形成了正名思想的雏形,即打算从事人的工作,他讲君君臣臣,就是这个意思。后来,季康子问政之时,孔子明确指出:"政者,正也。子帅以正,孰敢不正?"②孟子后来也说:"君仁莫不仁,君义莫不义,君正莫不正。一正君而国定矣。"③毫无疑问,孔子德治主义的中心就是在位者的正其身,其实质是政治道德化,让政治遵循道德规范的约束。

(二)孔子对"三代"之人的推崇

孔子倡导德治,不仅有理论上的阐述,还十分注重政治实例的介绍,这就是他对上古圣王的推崇。另一方面,孔子开始传道之时乃一布衣之士,那时贵族势力虽有削弱,但社会地位的高低依然可以决定言论的权威性。孔子深恐人微言

---

① 《论语·子路》。
② 《论语·颜渊》。又《论语·子路》载孔子语云:"其身正,不令而行;其身不正,虽令不从。""苟其身正矣,于从政乎何有?不能正其身,如正人何?"。
③ 《孟子·离娄上》。

孔子和他的弟子们

轻,所以不得不用圣王之德业来加强自己言语的说服力。其实,古来圣王,特别是像尧舜禹等上古之圣贤,即使是在孔子的时代亦未必有完整清晰的形象。至于孔子,不过是借用他们的名目作为传播德政的手段,在其德而不在其人,所以不惜誉之以最崇高的赞辞:

大哉,尧之为君也!巍巍乎,唯天为大,唯尧则之。①

禹,吾无间然矣。菲饮食,而致孝乎鬼神;恶衣服,而致美乎黻冕;卑宫室,而尽力乎沟洫。②

无为而治者,其舜也与?夫何为哉,恭己正南面而已矣。③

当然,孔子如此地崇古,大抵也是古代的文明至少在表面上还是深受当时在位者的共同认可的,而通晓古代文化恐怕亦非常人所能为。事实上,这正是孔子的专长,也是孔子具有影响力的一个方面。然而,不幸的是,无论是辉煌的上古治世,还是"郁郁乎文哉"的周公之制,尽管是孔子德治

---

① 《论语·泰伯》。
② 同上。
③ 《论语·卫灵公》。

主义的重要组成部分，也丝毫不能打动在位者的内心。现实的君主、权臣，更喜欢用上古圣王、"三代"之人装点门面，根本没有想过如何去效而仿之。

（三）德治主义的缺陷

自从人类结成社会，并用政治手段来维系社会组织的存在以来，还从未出现过孔子所孜孜以求的理想局面。用孟子的话讲，不是不为，而是不能。究其原因，主要之点是道德与政治的距离。至少在专制时代，政治讲的是某一集团、某一家——行至极端便是某一个人——的利益；而道德规范约束所有的人，讲的是天下人的共同利益。然而历史上还从未出现过天下人利益一致的局面。因此，孔子的理想主义政治思想——德治主义，并不是落后于他所处的时代，而是超越了那个时代，超越了专制时代的政治水准，他的"正身"的要求，会使每个从政者自惭形秽。所以，我们很难想象历史上曾有过什么儒家文化占统治地位的黄金时代。

具体说来，孔子政治思想之不足之处尚有以下几个方面。首先是德治主义的空想性。由于把政治寄希望于在位者的典范作用，便相应地产生了两方面的问题。一方面，在位者能否起模范作用并无客观上的保证，而主要是凭他们的自觉,因而,政治的清明便建筑在了一个不很坚实的基础之上了。另一方面,由于德治的本质是人治,把君主的作用放在了治国的首位,致使这种人治极容易走向专制。事实上,历史上所有的独裁者,都首先把自己打扮成道德至上者,待权力稳固后便露出了专制的本来面目。

其次,德治主义的主要支柱之一是贤人政治,后来的明确发展是清官的观念。清官本身当然无可非议,但是,一来清官的人数在客观上始终很有限,二来并没有什么可以保证一个人永远做清官,这样一来,普通人的生活就不会有恒久的保证。显然,贤人政治是片面的,并且是法治之政的强大阻碍。

再次,德治主义的结果是对恶势力缺乏有效的对策。孔子只是泛讲"性相近,习相远"[①],其实他只承认人性向善的转变,而忽视了向恶的转化。这种想法,既支持了德治主义的出现,又在一定程度上助长了恶势力的存在。可以说,孔子的人性论,既是德治主义的支持者,又是它的破坏者。

---

① 《论语·阳货》。

第五章
六十而耳顺
——从希望到失望

第一节 流亡生涯的后期

（一）身体和精神上的打击

六十多岁后，孔子的流亡生涯进入了后期。如果说前期流亡生活中的种种迹象尚能显示出某种有希望的征兆的话，后期的显现则截然相反，多方都不太顺利，令人沮丧。在陈绝粮之时还是弟子们"莫能兴"，连勇武的子路也有些坚持不住，但孔子本人却能以其强大的精神力量，信心百倍地做弟子的带头人。随着时间的推移，困顿的生活，不住的奔波，以及各国君主的冷遇，一天天地消蚀着孔子的体力和毅力。终于，他病倒了。《论语·子罕》云："子疾病，子路请祷。"《述而》又云："子疾病，子路使门人为臣。"我们姑不论子路行为的正确与否,仅就事实而言,可知孔子曾多次生病,有几次还相当严重,以至于憨直的子路要准备后事,还准备使用孔子一向反对的"怪力乱神"的治病手段了。

但是,在孔子看来,较之于精神上的打击,身体的疾病是微不足道的。《吕氏春秋》云:"孔子周流海内,再干世主,如齐至卫,所见八十余君。"《史记·儒林列传》云:"世以混浊莫能用,是以孔子干七十余君无所遇。"虽然面见君主的具体数目可以商榷,但"无所遇"却是不容争议的事实。从政是孔子一生的抱负,因而最沉重的精神打击也莫过于政治上的绝望了。

(二)在卫国

首先拒绝孔子的是他寄予厚望的卫国。因为孔子经常出入卫国,所以难免与一些士大夫有种种接触,比如《论语》中出现过的公子荆和公叔文子等,这使得卫灵公有些担心,甚至还可能怀疑孔子有什么图谋,于是:

他日,灵公问兵陈。孔子曰:"俎豆之事则尝闻之,军旅之事未之学也。"明日,与孔子语,见蜚雁,仰视之,色不在孔子。孔子遂行,复如陈。①

大抵孔子已看出了卫灵公故意刁难的用心,所以就索性作出强硬的回答,孔子后来称卫灵公是"无道"之君,并且说要不是有几位贤大夫辅佐,肯定早已失位了。②显然,从孔子本人来讲,亦早就清楚了卫灵公之所为,所以,孔子是不会事奉这样的国君的。到后来,孔子与卫出公还有一些接触,《论语·述而》云:

冉有曰:"夫子为卫君乎?"子贡曰:"诺,吾将问之。"入,曰:"伯夷、叔齐何人也?"曰:"古之贤人也。"曰:"怨乎?"曰:"求仁而得仁,又何怨。"出,曰:"夫子不为也。"

伯夷、叔齐认为"仁"的原则高于一切,身死而不怨。同样,坚持"仁"的孔子,怎能因为不受重用就生怨呢?再说卫国并不是孔子中意的从政之地。

(三)在齐、楚之间

据《世家》,离开卫国的孔子曾有过赴晋的行动。但一

---

① 《世家》,又略见《论语·卫灵公》。
② 详见《论语·宪问》。

行人走到黄河时听到了赵简子杀死两位大臣的消息,而孔子认为这两位大臣是贤人。很显然,晋国正经是危险之地了。

在这次流亡中孔子也曾去过齐国。但昔日对他有过好感的齐景公此时年事已高,更不敢任用比以前更加坚持原则的孔子了。《论语·微子》载云:

> 齐景公待孔子,曰:"若季氏则吾不能,以季、孟之间待之。"曰:"吾老矣,不能用也。"孔子行。

齐景公卒时,孔子年六十二,孔子自以为自己的治国之道足可以王天下,而齐景公却把它与季氏、孟氏的势力作比较,这不能不使孔子大失所望,也只能以"吾老矣"作体面的退场。

《世家》又云孔子在陈国呆过三年,《孟子》说:"(孔子)主司城贞子,为陈侯周臣。"但此时晋楚争强,夹在中间的陈国尚在自顾不暇中,想来亦未必有"为东周"的余地,这也在客观上拒绝了孔子。

在宋国,因为有司马桓魋的反对,孔子也未能有所做为。

至于蔡国,处在吴楚之间,亡国之日近在眉睫,肯定不是孔子的从政之地。

曾给过孔子一线希望的也许是楚国。楚国是当时的强国之一，因而，这里亮起的希望之光尤使孔子兴奋不已。据《左传·哀公六年》所云，楚昭王有病，卜曰："河为祟。"但昭王却并不去祭河；大夫请祭郊，他也不接受，并说："不谷虽不德，河非所获罪也。"孔子因此对楚昭王大加赞崇，肯定道："楚昭王知大道矣。其不失国也，宜矣！"显然，孔子对昭王之政是抱有好感的。昭王闻孔子在陈蔡之间，特派人聘孔子，但楚令尹子西却以现实政治家的姿态力劝昭王，备陈任用孔子的危害。结果，犹豫不定的楚昭王，未见到孔子就去世了。孔子终于失去了最后的一次机会。

孔子的治世之道总的来讲大概在平和的环境之中方能一试。但当时天下大乱，无一邦国能求其安。从地域上讲，小国则较易实行，但当时的诸小国自存尚且不能，又焉能图根本之治。所以，种种制约的结果，不能不使孔子重新思索它的现实性。

第二节　天命观念的消极转变

由于五十多岁时曾有过短暂的从政辉煌，所以，孔子在那时更倾向于天命所昭示的积极的方面。但不幸的是，从长期流亡中的遭遇来看，似乎天命的运作方向已发生了变化——当然是向着大势已去的方向。无论孔子多么不希望如此，但事实毕竟是事实。假如天命真还有一丝"将降大任"的意味的话，为什么君主们都不委之以大任，反而将重职都给了他的弟子呢？而他的从政弟子如冉求等人，又为什么不能贯彻他的政治理想呢？这无疑是说，他的政治追求，不仅无法由他本人实现，而且也不会有人继承下去，所有这一切都不能不使孔子对天命的认识有所变化。《论语·阳货》载：

子曰："予欲无言。"子贡曰："子如不言，则小子何述焉？"子曰："天何言哉？四时行焉，百物生焉，天何言哉？"

这显然与他一向坚持的"述而不作"的精神格格不入，与他前一时期四处奔走、劝君说臣的行动也是很不一致的。这时候的天是什么呢？天已给人安排好了一切。人之遭遇，如同四时与百物一样，自有其规律，人要想生存，只能适应而不能违背之。

在另外一个场合，还是子贡：

子曰："莫我知也夫。"子贡曰："何为其莫知子也？"子曰："不怨天，不尤人。下学而上达，知我者其天乎！"[①]

---

① 《论语·宪问》。

第五章 六十而耳顺
——从希望到失望

此时，他只希望天能知道他的心思，知晓他的行为就可以了。至于说他还能做些什么，似乎并不是他所关心的。显然，天在这里的积极意义并无多少。说到命，董仲舒的一段总结颇可说明孔子此时的境况：

> 颜渊死，子曰："天丧予"，子路死，子曰："天祝予"。西狩获麟，曰"吾道穷，吾道穷"，三年，身随而卒。阶此而观，天命成败，圣人知之，有所不能救，命矣夫。①

命的真义是"有所不能救"，这可不是孔子五十多岁在鲁从政时的心境和想法，那时的孔子更倾向于认为自此而后天下之事"无所不能救"，也很难想象自己会有"天丧予"和"天祝予"之类的呼喊。

总而言之，"天命"这个充满神秘主义色彩的观念，在很大意义上是指示孔子政治思想和前途之盛衰进退的征兆仪。天命曾给过他积极的促进，而如今，天命已成为消极的藉口和庇护了。

---

① 《春秋繁露·随本消息》。

第三节 六十耳顺
——消极避世的思想倾向

（一）消极思想的发生

孔子一生的思想发展，与他的遭遇相伴随，是有一个过程的，并且这个过程是有起伏的。如上所述，孔子六十多岁时的思想变化，在总的趋向上明显不同于以前。这就是与天命观的消极面相关联的消极思想的发生。忽视孔子思想的这一倾向将无法理解他晚年的言行，也无法把握他的整个思想。

这种消极思想的发生，虽然与他的年老体衰有关，但最主要的原因当是他政治追求中的一连串的挫折和失败。孔子的志向是从仕，用他所定义的礼法来整治天下之乱；他最想做的是政治家，而不是教育家或学者。我们完全可以推断，当孔子直面自己一生汲汲追求的目标完全丧失的时候，心情会是何等的沮丧。他曾对颜回说："用之则行，舍之则藏，唯我与尔有是夫！"① 这已是他在寻求自我安慰、自我引退之路了。

在流亡途中，有一次，孔子让弟子们谈谈，如有君主知用他们时，他们会有何作为。子路抢先回答，说要增强国家军力，

---

① 《论语·述而》。

冉求要发展经济，公西华则只希望做个宗庙之事的小相，对于这些回答，孔子或表示反对，或不置可否。待到曾点时，他说："莫（暮）春者，春服既成，冠者五六人，童子六七人，浴（沿）乎沂，风乎舞雩，咏而归。"孔子听罢，叹息道："吾与点也！"① 曾点的回答，看上去虽有些答非所问，其实是他看出了孔子的心思，干脆否定了孔子的从仕假说，劝他早下引退的决心。

（二）隐士的劝说

在孔子思想发展的彷徨阶段，他沿途遇到的隐士也给了他极大的触动。楚狂接舆从孔子身旁经过时唱到："凤兮，凤兮，何德之衰？往者不可谏，来也犹可追。已而，已而，今之从政者殆而！"② 又有长沮、桀溺教训子路与其追随孔子避人，不如和他们一起避世。③ 在卫国，又有不知名者劝告孔子道："莫己知也，斯已而已矣。深则厉，浅则揭。"④ 这种劝告性的批评是一针见血的，指出了孔子政治思想的不切实际，这不能不使他做出一定的反应。他不时地自我安慰，

---

① 《论语·先进》。
② 《论语·微子》。
③ 同上。
④ 《论语·宪问》。

告诉弟子们这不是他的固执，而是天下确实无道。但是，又有一些有识之隐士，认为孔子是"知其不可而为之"[①]，"无乃为佞乎"[②]，道出了孔子一生政治奋斗的悲剧特色。

（三）消极倾向的表述

由于与现实政治不可调和的矛盾以及外界人士和弟子们的种种劝说，孔子的思想出现了新的倾向。他说："饭疏食，饮水，曲肱而枕之，乐亦在其中矣，不义而富且贵，于我如浮云。"[③]这种境界，在他前半生的奋斗中是难以想象的。曲肱而枕，完全是一幅隐士的画像。孔子甚至无可奈何地表示"道不行，乘桴浮于海"[④]，还打算到夷蛮之地去居住[⑤]，他还盛赞伯夷、叔齐等"逸民"是"不降其志，不辱其身"[⑥]，这是典型的古代政治隐士的操守。《论语·述而》载云：

> 叶公问孔子于子路，子路不对。子曰："女（汝）奚不曰，

---

① 《论语·宪问》。
② 同上。
③ 《论语·述而》。
④ 《论语·公冶长》。
⑤ 《论语·子罕》。
⑥ 《论语·微子》。

其为人也,发愤忘食,乐以忘忧,不知老之将至云尔。"

这是说他晚年的追求之一,是用隐士的快乐忘却不仕的烦忧,将无限的失望遗弃在时间的长河之中。在归途中,孔子一行人经过一条河流时,孔子说道:"逝者如斯夫,不舍昼夜。"① 这是在说,以前的一切理想和追求,特别是政治上的,如同湍流不息的河水,日夜不停,一去不复返,无法用人力回留。可能这并非追悔之词,但却无疑是伤感之叹。一位自东自西,自南自北,匍匐以救世的老人,留给自己的恐怕只是无可奈何了吧。孔子如此了结他一生的政治追求:"凤鸟不至,河不出图,吾已矣夫!"② 没有任何出现转机的迹象,所以他认为已到了山穷水尽的地步了。孔子最后安慰自己道:"贤者辟世,其次辟地,其次辟色,其次辟言。"③

(四)六十而耳顺

孔子自谓"六十而耳顺",是说他到六十岁时,思想已到了这样的一个境界——耳顺。通过以上分析,所谓耳顺,

---

① 《论语·子罕》。
② 同上。
③ 《论语·宪问》。

可以说是孔子对所见所闻的一种内在反应。在这十几年的流亡生活中,耳闻目睹的大部分,甚至全部事实都不能使孔子"顺心","顺耳"。但是,这种不"顺",只是六十多岁之前的孔子的反应。事实上,此时的孔子,内心深处自知希望渺茫,什么样的言语他能听不进去?什么样的事情他又能看不下去呢?当权者的委婉拒绝,反对者的指责,隐士的劝告,同情者的怜悯,甚至弟子们的艾怨,孔子都能理解,都有相应的适应或顺应之法。所以,孔子认为他此时已经"耳顺"了。

但孔子的耳顺境界并不同于后来道家者流的做为,虽然乍看上去二者很相似。道家从理论上讲对政治现实采取批判的和不合作的态度,而孔子儒学则只批它所谓的"无道"之世。孔子虽无望于现实政治,但他并不认为政治根本上就是不可接近和参与的,因此他在表述消极思想的同时又表态道:"苟有用我者,期月而已可也,三年有成。"① 对政治还是恋恋不舍的。这是中国知识分子在封建专制之下悲剧生活的写照和表现。要坚持自己的政治原则,到头来便只能是引身而退,在退的同时,又随时做着进的准备,尽管他们明知这种进的机会是渺茫而不可企及的。

---

① 《论语·子路》。

第四节　曾子、有子的思想贡献

（一）曾子其人及在孔门中的地位

孔子弟子中有曾氏二人，即曾晳和曾参。曾晳名点，生年无考。一般认为他是曾参之父，《论语》中曾点有一见，但也有人因此而怀疑他的弟子身份，认为他是道家虚托的人物或当时避世狂士，如长沮、桀溺之属。这些疑问虽然有一定道理，但结合孔子和孔子弟子当时的实情来看，曾晳恐怕还是孔门中人。

曾参字子舆，少孔子四十六岁，鲁国南武城人。《阙里志》言其为夏朝封于鄫地的少康子曲烈的后代，春秋时灭于莒，曾家流亡至鲁，沦为贫民。"曾子弊衣以耕"，可见其出身与孔子亦大有相似之处，故能倾心于文化事业。他是孔门的后进弟子，可能是孔子六十岁以后招收的文化弟子。《弟子传》云："孔子以为能通孝道，故授之业，作《孝经》。死于鲁。"孔子晚年评价弟子时有四科之分，其中并无曾子，可见曾子到而立之年时仍无太大的成就。孔子认为"参也鲁"，这说明曾子天资较差。只是因为他能下苦功，再加寿数较长，所以在孔子去世后亦成名于天下。《论语·里仁》云：

子曰："参乎，吾道一以贯之。"曾子曰："唯。"子出，门人问曰："何谓也？"曾子曰："夫子之道，忠恕而已矣。"

后人（特别是宋儒）即以此次对话为根据，认定曾子可做孔学之传人。其实，孔子之所以强调"一以贯之"，可能是因为天资鲁钝的曾子为学过于支离破碎。正因为孔子批评得当，曾子也才以"唯"来应。《论语》又称曾参为"子"，因此人们认为曾子及其门人肯定参与了《论语》的编纂，以此来看，曾子在孔子去世后确实有以传人自居的举动，他自称"士不可不弘毅"，承传夫子之学显然是这种弘毅精神的一个重要方面。

曾子之所以被许多人奉为孔学传人，除上述原因外，他在孝行和孝道上的不同凡响的成就也是其中的重要因素。我们在此关心的是，自称的传人与实际上的传人是根本不同的。其实，在孔子看来，只要弟子们能循正道而进，人人亦可是其传人，所以他生前并未有过指定传人的意图。

（二）曾思学派质疑

由于唐宋儒者的大力鼓吹，一般总以为先秦儒学最终形成了从孔子到曾子、子思和孟子的所谓一脉相承的"道统"。

第五章 六十而耳顺
——从希望到失望

其实，韩愈这种主张，一开始就有学术以外的目的，可以说，是为了与佛、道对抗而精心设计的一条传承线索，所以说是不符合实际的。先秦儒学的发展固有其线索，但这种线索是学术的而不是政治的，是集体的而不是个人的，是自然的而不是安排的。战国末期的韩非认定儒家有子思、孟氏和乐正氏之儒，而乐正氏正是曾子之学的传人乐正子春。可见，在先秦人物看来，曾子、子思和孟子是三个著名的儒家学者。而唐宋以后的儒者，却又提出"曾思学派"和"思孟学派"的说法，这无疑为我们研究孔子弟子提出了一个重要的课题。

我们在此先讨论曾思学派。

《世家》云："伯鱼生伋，字子思，年六十二。"子思为孔子之孙，最早的出现处是《孟子》一书。《孟子·公孙丑下》载孟子语云："昔者鲁缪（穆）公无人乎子思之侧，则不能安其身。"鲁穆公于公元前四〇七年至前三七五年在位，此距孔子卒已有六十余年。《孔子家语》云孔子十五娶妻，次年生伯鱼。《世家》又云伯鱼五十而卒，则伯鱼卒在前四八三年。子思即使生在伯鱼之卒年亦无法与鲁穆公谋面，更谈不上什么任用了，可见孟子的说法是不足全信的。谈到子思与穆公见面的尚有《檀弓》，但《檀弓》又载柳若谓子思云："子，圣人之后也，四方于子乎观礼。"颇不类春秋战国之时的情形，所以，它关于子思的其他记载亦受到怀疑。我们如此研究子思，倒不是怀疑他的历史存在，而是想检讨一下他的由孟子树立起来的历史地位。

孟子为什么要抬高子思呢？这是因为他有着强烈的道统意识，希望在当时的百家争鸣中加强儒家的地位。《孟子》言"曾子、子思同道"，孟子自己在言语之间又有颇为亲近、景仰子思之意，这样便有意无意地建立起了孔子——曾子——子思——孟子的线索，后经唐宋儒者的利用，竟至产生了曾思、思孟学派。其实，同道与师承是不一样的，况且，司马迁亦未曾提到师承之事。所以，倘若子思果真是有道之人，则其思想更可能直接得之于孔子。另外，追随孟子的《檀弓》又云：

曾子谓子思曰："伋，吾执亲之丧也，水浆不入于口者七日。"子思曰："先王之制礼也，过之者俯而就之，不至焉者跂而及之。故君子之执亲之丧也，水浆不入口者三日，杖而后能起。"

显然，不仅子思不把曾子作师长看待，亦没有同道的意味，那么，此二子何能结成一派呢？

至于子思的思想学说，历来的争论之点在于子思和《中庸》

第五章　六十而耳顺
——从希望到失望

的关系上。《世家》云："子思作《中庸》"，但未有进一步介绍。这便引起了后人的争论。现存《礼记》一书中有《中庸》一篇，朱熹认为即是子思所作，并传至孟子。清代学者崔述起而反对。他认为《中庸》的言语应在《论语》、《孟子》之后，又认为孟子引孔子语时总是明言孔子曰，而《孟子》中与《中庸》同文处却是孟子独述，不言子思曰。所以，崔述认为《中庸》大抵是追随子思者所撰，流传既久，至汉时竟以为子思所著。近代以来，许多学者又持两可之论，认为《中庸》之中有子思的原作部分，亦有后人增补的部分。

其实，关于《中庸》的问题并不算复杂。司马迁用"世家"和"列传"形式介绍孔子和他的弟子，独不多言孔子后人，甚至连《中庸》的具体内容都未提及。再读今日之《中庸》，文体既不类孔孟之间，又间言秦汉之事，且其辞气之间，道家之口气亦颇重，所以，它决非是子思之原著，至多只可以说是汉儒以子思之原书为蓝本，杂以己见，遂成一书。

子思的生平，除《孟子》、《檀弓》等所言与鲁穆公有交流之外，《说苑·立节》说他是"居于卫，缊袍无里，二旬九食"，显然曾有过困顿的生活。《吕氏春秋·审礼》则云：

孔思请行。鲁君曰："天下王亦犹寡人也，将焉之？"

孔思对曰:"盖闻君子犹鸟也,骇则举。"鲁君曰:"主不肖而皆以然也,违不肖,过不肖,而自以为能论天下之主乎?"

虽然此处的鲁君(未言是"穆公")对子思的反诘正中孔子政治主张之要害,但看上去子思的政治行为颇有些类似于孔子,即要做一个坚持原则的政治家。所以,当我们研究子思时,与其在《中庸》上纠结不清,还不如考察他的政治表现,与其说他是位道统之中的思想家,还不如说他是个理想主义的政治家。

(三)曾子的君子之行

在现存的有关孔子弟子的史料中,曾子及曾子一派占的比重较大,这无疑与孟子对他们的推崇有关。曾子生性鲁钝,入孔门又晚,成才也较晚,所以,他的思想发展是以稳健著称的。这种特征虽然利弊皆含,但从对孔学的推进来看,曾子不能不说是一位有创建性的弟子。

曾子既不如颜回那样的学才,又不像子贡那样的辩才,更不具冉求那样的干才,所以,他的稳健主要表现在"行"的方面。特别是在日常行为方面,他的君子之行在孔门之中是颇具特色的。曾子对自己的要求是:"吾日三省吾身:为

第五章 六十而耳顺
——从希望到失望

人谋而不忠乎？与朋友交而不信乎？传不习乎？"① 这种近取诸譬的修身功夫，显然是孔学的内容。但是，在孔子那里，修身的最高成就是"仁"，而曾子的修身目标却是君子，并且他心目中的君子是"君子以文会友，以友辅仁"②，将仁的高标准落实到了君子之行上。事实上，曾子君子之行的特点也就在于他将孔子较抽象的教条变得很具体，虽然未出孔子的指示方向，但规模要小一些，也更注重实际运用。孔子讲"不在其位，不谋其政"③，曾子就讲"君子思不出其位"④，由谋降低到了思。孔子又说："君子坦荡"⑤，"君子不忧不惧"⑥，曾子却在病重之时召门弟子说："启予足，启予手！诗云：'战战兢兢，如临深渊，如履薄冰。'而今而后，吾知免夫！"⑦ 这与孔子相比，在气魄上要逊色不少。正因为他对自己有如此苛刻的要求，以至于他的后学几有走向道家极端重视自身的倾向。《大戴礼记·曾子之事》云："君

---

① 《论语·学而》。
② 《论语·颜渊》。
③ 《论语·泰伯》。
④ 《论语·宪问》。
⑤ 《论语·述而》。
⑥ 《论语·颜渊》。
⑦ 《论语·泰伯》。

子见利思辱，见恶思诟，嗜欲思耻，忿怒思患，君子终身守此战战也。"显然与孔子豪迈的气势不相一致。所以，我们不得不说，无论在任何情势的社会中，严格要求自身固然重要，但由此发展到极端看重自我生存的地步，却会生出了它的弊端。一方面是可能束缚个人应有的创造性冲动，再一方面也可能使人丧失其应有的社会责任。

在严格的道德自律方面，高柴是与曾子近似的一位弟子。孔子说："柴也愚。"[①]也就是说他有一种百折不挠的精神。《大戴礼记》说他是"入户未尝越履，往来过人不履影，开蛰不杀，方长不折"，大有曾子之儒的风范。《弟子传》云高柴字子羔，小孔子三十岁，卫人。又言其长不盈五尺，孔子也有过以貌取人而失之于子羔的检讨，可见像高柴这样的弟子，貌虽不扬，却能利用自己愚的性格，努力修身，又能明哲保身。不像子路那样明知必死却仍然勇猛，而是知险而退，履践自己的做人原则。

（四）曾子的孝行和孝论

曾子的另一思想成就是对孔子的"孝"的理论的进一步发挥。孔门弟子以孝闻名的很多。闵子骞便是其中的一位。不过，

[①] 《论语·先进》。

第五章 六十而耳顺
——从希望到失望

曾子之孝与其他弟子有所不同,他不仅有极端的孝行,而且还有自己独到的孝的理论,并使之成为其后学的主要特点。

《新语·慎微》云:"曾子孝于父母,昏定晨省,调寒温,适轻重,勉之于糜粥之间,行之于衽席之上。"《论衡·感虚篇》又云:"曾子之孝,与母同气。"对父母的体贴,已到了心灵感应的地步。这些说法虽有一些汉代学者固有的夸张笔调,但曾子之孝的影响,却无疑是很大的。与曾子有近似气质的高柴亦有惊人的孝行,《礼记·檀弓》说他是"执亲之丧也,泣血三年,未尝见齿"。《晏子春秋》说他是"父之孝子,兄之顺弟也",父母不幸而死,无力合葬,哭于深夜。

以上种种,不仅说明曾子等人有着过人的孝行,而且也说明孝的教育在孔门中占据着很重要的地位。孔子的另一位弟子有若称:"孝弟也者,其为仁之本与。"[①] 认为孝是成仁的基础之一。孔子本人亦多强调孝的意义,但是,对于孝的确切含义,孔子如同时对待其他概念一样,并未有过全面的论述,只是针对具体情况进行解说,因为事实上仅用文字也难以罗列它的所有方面。

对于道来讲,由于孔子痛感当时社会以下凌上的风气日盛,

---

① 《论语·学而》。

不免多强调一些下对上的敬重和义务，但孔子并不认为上对下就可以为所欲为。他认为"君使臣以礼"，然而，不幸的是，鲁钝的曾子并未完全领会孔子的深意，或者说，他为孔子的现实用意所困惑，片面强调父子关系中子对父的义务，再加上其后人的进一步推演，使孝的意义无限膨胀，并参与演出了中古以后"以理杀人"的惨剧，这的确是孔子的始料未及之处。

《论语·子张》载曾子语云：

> 吾闻诸夫子：人未有自致者也，必也亲丧乎！
>
> 吾闻诸夫子：孟庄子之孝也，其他可能也；其不改父之臣，与父之政，是难能也。

很明显，不太注重父对子的关切和义务。进而言之，《吕氏春秋·孝行》又载曾子语云："身者，父母之遗体也。行父母之遗体，敢不敬乎？"这样，作为子的一切行为都与父母的利益联系了起来，以至于"一举足不敢忘父母，一出言不敢忘父母"①。显然，做人如此，已完全消除了个体存在的意义。

原初儒家孝道的意义之一是将孝与忠相联系。有若就说：

---

① 《大戴礼记》。

"其为人也，孝弟而好犯上者，鲜矣；不好犯上，而好作乱者，未之有也。"[1] 认为孝子虽然不一定就是忠臣，至少亦绝不会是叛臣。到了曾子那里，则是"事父可以事君""君子之孝，其忠之用""孝子善事君"等等，把事君看成了孝的归宿，明确地把个人的修身与政治连成一线。显然，曾子一派的这种思想，与专制社会利用封建的伦常关系维持社会的安定是大有关系的。

曾子之学的流弊是很明显的。他对君子的严格定义，固然有助于个人道德情操的增进，特别是知识分子不屈服于政治压力之精神的培养，但是，它对社会事务不负责任的弊端，特别是在乱世，表现得尤为引人注目。他对孝的系统阐述和认真强调，虽然有利于社会稳定、家庭和睦的一面，但它对于专制政治的助长也是不容漠视的。并且，以上两方面的共同缺点，是对个人创造性的限制。所有这些，不能不引起人们的深思。同时，这些思想，有孔学的渊源，又不完全等同于孔学。

（五）曾子、有若的政治观

根据《论语》所云，曾子未有过从政的经历。显然，从

---

[1] 《论语·学而》。

他的性格和为人来看，也很难想象他会在政坛上久待下去，但这并不妨碍他对现实政治的深刻认识，并提出自己的批评意见，《论语·子张》云：

> 孟氏使阳肤为士师，问于曾子。曾子曰："上失其道，民散久矣。如得其情，则哀矜而勿喜。"

还有一些儒家民本思想的倾向。在这一点上，有若也有近似的表现，《论语·颜渊》又云：

> 哀公问于有若曰："年饥，用不足，如之何？"有若对曰："盍彻乎？"曰："二，吾犹不足，如之何其彻也？"对曰："百姓足，君孰与不足？百姓不足，君孰与足？"

有若在此讲述的不仅仅是个经济问题，也是个政治问题。他对鲁哀公的不苟同的态度，以及他对百姓足用的关切，均说明了他们这类弟子的政治态度。与孔子一样，他们都有明确的政治原则，并且下决心坚持；又因为他们的内心很充实，所以亦能站稳立场，不忧不惧。可以说，他们是那个时代真正的知识分子的代表。

（六）关于有若的几点补述

有若字子有，据《弟子传》，他可能是孔子的后进弟子，亦是位思想比较成熟的弟子。据说有若也参与过《论语》的编纂工作，从现存《论语》来看，虽然言论的数量不多，但却有独到之处。《论语·学而》载云："礼之用，和为贵，先王之道斯为美。小大由之，有所不行。知和而和，不以礼节之，亦不可行也。""信近于义，言可复也；恭近于礼，远耻辱也；因不失其亲，亦可宗也。"颇有些辩证思维的特点。有若一生的大事之一，是《孟子·滕文公上》上的一段记载。孟子说："昔者孔子没……他日，子夏、子张、子游以有若似圣人，欲以所事孔子事之。强曾子，曾子曰：'不可。'"孟子的说法很模糊，他讲有若"似"孔子，但并未言明似在哪里。司马迁以为是貌似孔子，并有一段精彩的演绎[①]，但后人大多以为不可信。平心而论，首先，以孔子弟子的修养，必不会有以弟子代师长的作为，倘若仅凭状貌相似就作此决定，则更属荒诞不经。其次，孟子的这一说法，并不十分可靠。总之，仅根据《论语》的记载，我们无法畅论有若的思想，此处将他与曾子并述，亦没有将他与曾子并为一派之意，只是因为他的思想中有些方面与曾子很接近而已。

---

① 详见《世家》。

（七）曾子后学简述

《大戴礼记》上有关于曾子的几篇，《礼记·檀弓》也有许多曾子与其弟子交谈的记载。这种记载虽由曾子一人主讲，但其内容恐怕大多是曾子后学的思想。因韩非之"八儒"中有乐正氏之儒一派，所以，很可能这一派就是以乐正子春为首的传曾子之学者。《韩子·说林下》讲一故事，齐国索要鲁国的谗鼎，鲁国送去一个仿造品，齐国不信，并指名要乐正子春出来作证，此可证明乐正子春是当时有名的守信之人。这与曾子的君子之行是一致的。有人以为《吕览·孝行》一篇正是乐正子春之遗教，其中言"凡为天下，治国家，必务本而后末，务本莫贵于孝"，显然亦是禀承曾子之教的。可以说，儒家孝的观念的流行，与这一派的努力是分不开的。《汉志》记有"《曾子》十八篇"，今不得见原书，如有此书，恐怕也是这些弟子们集录而成的。《弟子传》讲到曾子时说："孔子以为能通孝道，故授之业。作《孝经》。"而《汉志》却说："《孝经》者，孔子为曾子陈孝道也。"不知《孝经》到底是述孔子之意，还是表曾子之说。其实，孔子晚年既不十分看重曾子，则不可能对他有特殊的安排。《孝经》成书于汉代已无疑，乃是曾子后学所作，或是他人因曾子一派在孝论上持论颇坚，故托而作之，本不必将曾子关联进去。

第五节　孔门中的激进倾向

（一）子张和宰予的学问之道

宰予是孔门的先进弟子，而子张则是后进弟子，从现存资料中虽未看到二人的直面交流，但似乎也没有理由否认他们有过亲密的关系。当然，更引人注目的是二人在思想上的一致性。在孔子心目中，宰子在言语方面颇有特长，故与子贡同列言语之科；而子张，则因学问和做人上的志向高远而未被列入四科之中。

《弟子传》云："颛孙师，陈人，字子张，少孔子四十八岁"，据说其前辈是陈国的贵族，后流亡至鲁，沦为贫民。《吕氏春秋·尊师》遂云："子张，鲁之鄙家。"宰予字子我，家世不详，估计他不太可能出自贵族之家。此二子一生没有过从仕的经历，但对政治却有急切的关注，子张甚至还有"学干禄"[①]的举动。对子张的从政要求，孔子的告诫是多见多闻，谨慎言行，并且还要有耐心[②]，可见子张的性子较急，多冲动。不用说，孔子认为这种性格的人不宜

---

① 《论语·为政》。
② 《论语·颜渊》。

从政。因为子张的冲动与子路不同，子路乐于见善而从，且性情耿直，而子张则是心高气傲，目中无人。关于政治及政治发展的动向，子张曾问孔子："十世可知也？"①请教未来十世的政治动向，于是孔子阐述了自己的"损益"的历史观。但是，当宰予问"五帝之德"时，孔子断然曰："予非其人也。"②干脆打消了他的从政念头，因为宰予的言语之能仅停留在口头上，与子贡相比，他既没有扎实的才能，又缺乏一定的思考。这又一次证明了孔子对从政所持的谨慎而又理智的态度。

在学问之道上，二人也有些共同的特点。二人都喜欢博，且与孔子谈论问题时，子张偏于大，宰予偏于刁，还都有自以为是的习惯，所以多得孔子的批评。子张曾问行，问善人之道，问明，对做人的外在表现方面注重尤多。《论语·颜渊》云：

> 子张问："士何如斯可谓之达矣？"子曰："何哉，尔所谓达者？"子张对曰："在邦必闻，在家必闻。"子曰："是闻也，非达也。夫达也者，质直而好义，察言而观色，虑以下人。在邦必达，在家必达。夫闻也者，色取仁而行违，居之不疑，在邦必闻，在家必闻。"

---

① 《论语·为政》。
② 《弟子传》。

第五章 六十而耳顺
——从希望到失望

这是孔子对子张的学问之道的婉转批评。闻、达不能区分，暴露出子张之学内在的不足。弟子发问时，孔子很少有反问者，但孔子早知子张之不足，故有一问，结果问出了疏漏。孔子讲"虑以下人"，是告诫子张不要自高自傲，他又讲"色取仁而行违"，显然是批评子张的内外不一。朱子注引尹氏之言曰："子张之学，病在乎不务实，故孔子告之皆笃实之事，充乎内而发乎外者。"当是确实之论。

宰予（亦称宰我）的自以为是，与子张在表现上有些不同。《论语·八佾》云：

哀公问社于宰我。宰我对曰："夏后氏以松，殷人以柏，周人以栗，曰使民战栗。"子闻之，曰："成事不说，遂事不谏，既往不咎。"

宰予过分的自信于此可见一斑。孔子对他的批评，虽不是十分严厉，但也说明他在学问上的不足了。宰予以自己的口才，往往做一些不合乎事理的判断和提问。

《论语·雍也》载云：

宰我问曰："仁者，虽告之曰'井有仁焉。'其从之也？"

子曰:"何为其然也?君子可逝也,不可陷也;可欺也,不可罔也。"

弟子中还没有人这样向孔子问仁,设计出如此极端乖僻的例子,似乎还有些为难孔子的意思。可能孔子也明了宰予之意,知道他不过想借问仁显示自己的言语之才,所以也只是正面予以解释罢了。

(二)激进思想的由来和表现

孔子政治上的失意和六十岁后消极悲观思想的表露是孔门之中激进思想出现的根本原因。无论孔子的人格形象如何高大,他的修身之道又是如何有说服力,但政治思想无法兑现于现实的结局,不能不使弟子中思想活跃者思索种种新的出路。冉求等是用行动冲击了孔子的思想,而子张和宰予则着重于从思想上予以挑战。像子张这样的弟子,虽然出身与孔子相似,但却缺乏孔子那样的社会实践和对上下失信的痛切感受,更缺乏对传统文化的认识,因而也就没有多少来自传统的压力。所以,对于孔子强调周礼的思想倾向表示不满,自在情理之中。从子张、宰予的个人情形来看,二人均有胜人一筹的冲动,当然也不会放过通过批评孔子思想来突出自己的机会。

第五章 六十而耳顺
——从希望到失望

孔子思想中的欠缺之处当然很多，但其中最明显的且又与传统礼仪相联系的是孔子关于"三年之丧"的主张。孔子说："父在，观其志；父没，观其行。三年无改于父之道，可谓孝矣。"① 所谓"三年无改"，还包括停止一切社会活动的守丧三年。试想，三年之内无所事事，像宰予和子张这样的思想激进的弟子自然是不能同意的。于是宰予公开表示反对："三年之丧，期已久矣。君子三年不为礼，礼必坏；三年不为乐，乐必崩"，认为有一年也就算可以的了。这种实用的观点使孔子很恼火，他批评道："予之不仁也！子生三年，然后免于父母之怀。夫三年之丧，天下之通丧也。予也有三年之爱于其父母乎？"② 与宰予的看法相比，孔子的观点似乎难以立足。首先，天下通丧的说法就不确切；其次，子爱父母三年固然可以，但不一定非要采取守丧的形式，这样做会适得其反，使不孝之子于父母生时不孝，死后去做做样子。

由于是孔门的年轻之辈，子张的怀疑不敢像宰予那样直接了当。《尚书》有"高宗谅阴，三年不言"之语，子张问

---

① 《论语·学而》。
② 《论语·阳货》。

> 孔子和他的弟子们

孔子这是为什么，言语之间显然有怀疑此事的意思，孔子马上肯定道："何必高宗，古之人皆然。君薨，百官总已以听于冢宰三年。"① 孔门弟子中独有此二人对三年之丧的古礼提出过疑问和反对意见。在另外的场合：

师冕见，及阶，子曰："阶也。"及席，子曰："席也。"皆坐，子告之曰："某在斯，某在斯。"师冕出，子张问曰："与师言之道与（欤）？"子曰："然。固相师之道也。"②

显然亦是对孔子的做法有疑问，但孔子认为子张是"过"，是"辟"，就是他过于激进，过于偏执。当然，孔子说的偏执之意，是说子张总有另立主张的意图。子张的这种作风，受到孔子后进弟子中的杰出人物子夏、曾子和子游等不同程度的反对，可见他确有自己的一套主张，所以也才能在孔子卒后自立一派。

至于宰予，不仅未有传学的机会，而且在学问上也很平淡。《论语·公冶长》称宰予昼寝，孔子先是批评道："朽木不

---

① 《论语·宪问》。
② 《论语·卫灵公》。

可雕也,粪土之墙不可圬也,于予与何诛?"继而自省道:"始吾于人也,听其言而信其行。今吾于人也,听其言而观其行。于予与改是。"可见宰予的言语之能是徒具其表的。

(三)子张之学的延续

子张的学问,虽不及孔子和同门其他弟子的学问那样扎实,但却因其独特的高度而传于后世。韩非子"八儒"之中首列"子张之儒",可见到韩非子生活的时代,或许尚有子张之儒的思想影响或活动,这证明了子张之学特有的生命力。《檀弓》载有"子张之丧,公明仪为志焉"。又载"子张病,召申详而语之",《孟子·公孙丑下》载"泄柳、申详,无人乎缪公之侧,则不能安其身",可见子张的一传弟子及其子申详均是子张之学的传人。但是,值得强调的是由于子张之学的内在不足,所以,愈往后传,其弊端愈加显著。荀子曾抨击子张之"贱儒""弟佗其冠,冲淡其辞,禹行而舜趋",终于堕落为只求外表行为的"放浪形骸"之徒,从某种意义上讲,这也是子张之学的必然归趋。另外,子张之学可能还有其他一面。《大戴礼记·卫将军文子》称子张之行是"业功不伐,贵位不善,不侮可侮,不佚可佚,不敖无告",因此,有人便以为子张之儒具有不苟同于现实政权势力，并把仁爱和同情扩展到普通民众之中去的主张，如若然，则子张之儒的激进倾向便更具有独到之处了。

　　无论如何，宰予和子张的激进思想，不仅在当时对孔学提出了有力的挑战，而且也丰富了先秦儒学的思想。尽管它有种种不足，但它的创新和进取精神，确实不失为孔门中的一股生气勃勃的新潮。

第六章
七十而从心所欲不逾矩
——失败与荣耀

第一节 归鲁与不逾矩

（一）归鲁的诸种原因

十几年流亡生活的最后几年中，孔子的身体和精神状态已大不如从前，而随从的弟子，子路、子羔在卫从政，冉求被召回鲁做季康子家宰，余下的弟子大抵也没有几人赞同孔子再游历下去了，所以，《论语·公冶长》载云：

子在陈，曰："归与，归与！吾党之小子狂简，斐然成章，不知所以裁之。"

很可能像宰予、子贡和子张之类的弟子，看到夫子身体很差，又常常流露出厌世之情,再加上各国任用他的可能性实在是微乎其微,所以,他们也表现出了不安的情绪,从而使孔子不得不认真考虑回国的决定。

另一方面,根据《世家》的说法,孔子六十岁时,季桓子去世,他在病中曾嘱咐其嗣季康子召孔子回国,以谢自己的不用孔子之过。孔子回国也许有这一原因。司马迁的这种说法不知有何根据,但从我们上述分析来看,恐怕当权者无论如何都不会后悔拒绝任用孔子的。原因很简单,孔子讲"道不同不相为谋",政治权势们无疑也会接受这种看法的。冉求是回国了,并在鲁哀公十一年(前四八四年)的齐鲁之战中立了大功。① 显然,季氏召用冉求并非完全因为他是孔子弟子,而是他有理财之能,或者还有与孔子在政治上的不同。所幸的是,孔子归国前的冉求还未将与孔子的分歧放在首位。齐鲁之战巩固了冉求的政治地位。战斗中还有孔子的另一位弟子樊迟,也表现出了果敢的精神。这两位弟子对孔子的归鲁无疑是起了重要作用的。

此时的孔子正在卫国逗留,并与卫国权臣孔文子有来往。

---

① 事详见《左传·哀公十一年》。

第六章　七十而从心所欲不逾矩
——失败与荣耀

孔子称孔文子是"敏而好学，不耻下问"①。可能此人曾虚心请教过孔子。这一年，孔文子与卫大叔疾的矛盾激化，准备攻击大叔疾，并为此来听孔子的意见。孔子已有六十八岁的高龄，明知已无法从政，但还是坚持自己一贯的主张。他说："胡簋之事，则尝学之矣；甲兵之事，未之闻也。"并决定离开此是非之地，又对弟子们说："鸟则择木，木岂能择鸟？"孔文子自觉过分，竭力挽留，孔子"将止，鲁人以币召之，乃归。"②季氏最终决定召回孔子，恐怕并不仅仅是照顾冉求的师生之谊。孔子流亡十几年，虽不见用，但他的学识、行教及节操等肯定是影响日盛。眼看他已是垂暮之人了，也许冉求曾对季氏讲，再不请他回到祖国，恐怕鲁国的执政者也会面上无光。召回孔子，不仅可以挽回面子，亦可利用孔子来安抚国内的旧臣，因为孔子毕竟是上两世的老臣了。

孔子去鲁时是"迟迟吾行也"，一片眷恋之情，此时的归鲁会不会是"速速吾行也"呢？我们不便定论。孔子并不是不明白季氏的用意，只是他大抵也有一些落叶归根之念吧。借着鲁人"以币召之"，体面地回来，算是不失双方表面上

---

① 《论语·公冶长》。
② 《左传·哀公十一年》。

的和气。然而，内心深处却并不怀有丝毫的感激之情或欢愉之心。有危险时就逼他出走，认为他无害时又欢迎他回来，这使孔子在沮丧之余不免又有一些愤怒。所以，回国后的孔子，无论对季氏还是对冉求均无退让之心，自己认为的不合道义之事仍然进行了无情的抨击，做出强硬的反应。

（二）从心所欲不逾矩

回鲁之后，年迈的孔子虽然无法得到任用，但因为他是前朝老臣，知书识礼，又有掌握大权的弟子，所以颇受国人的敬重。在政治上，不时以"顾问"的身份出现，积极表达自己的政见，但因为人们普遍认为他不过是位无害的老学人，所以，听听亦是无妨。更多的时候，孔子只是参加一些无关政治决策的社会活动。

《左传·哀公十二年》载，鲁昭公夫人孟子卒后，孔子曾去吊唁。当他拜访季氏时，季氏并不行丧礼，孔子依然行了来访者的丧礼，以此来讥讽季氏。因为正是季氏的上辈人物逼使鲁昭公客死他乡。对孔子的这番举动，季氏着实无可奈何，也许觉得孔子很可笑，但孔子却是认认真真的。

同年年末，鲁国发生了蝗虫灾害，季孙去请教孔子，孔子认为这是司历之过，未能及时预报和解释此事。也许孔子

第六章　七十而从心所欲不逾矩
——失败与荣耀

这是在讥讽季孙的用人之道。

哀公十四年（前四八一年），叔孙氏西狩获麟，以为不祥，孔子却不以为然，并取了过来。这明显是逆忤叔孙氏的做法。

这期间，孔子的主要活动之一是接受鲁哀公及三桓的问政。《论语·为政》云：

> 哀公问曰："何为则民服？"孔子对曰："举直错诸枉，则民服；举枉错诸直，则民不服。"

可见，此时的孔子虽无缘从政，但他的政治观却依然如故，认为从政者的典范作用是政治的中心课题。这是他的可贵之处，又是他的可悲之处。同样，对于三桓，《论语·颜渊》载云：

> 季康子患盗，问于孔子。孔子对曰："苟子之不欲，虽赏之不窃。"
>
> 季康子问政于孔子，曰："如杀无道以就有道，何如？"孔子对曰："子为政，焉用杀，子欲善而民善矣。"

对于三桓，孔子更是坚持"政者正也"的原则，要求他们起表率作用。因为他们是权臣，握有国柄，所以，要求民做到的，他们先得做到。其间的语气是相当强硬的，直指季康子的"欲"、"杀"等不善之举。孟武伯不关心亲人的疾病，所以，当他向孔子问孝时，孔子的回答是"父母唯其疾之忧"①，也是毫不客气的。

孔子与鲁国当政者最著名的一次交锋发生在哀公十四年，是时孔子年七十一岁。

（齐）陈成子弑简公，孔子沐浴而朝，告于哀公曰："陈恒弑其君，请讨之。"公曰："告夫三子。"孔子曰："以吾从大夫之后，不敢不告也。"②

从这件事我们可以看出，一方面孔子还在坚持他的"正名"原则，弑君者当讨。另一方面，从孔子的"不敢不告"来看，虽然明知三桓肯定不听己言，但他并不惧怕触怒三桓，明确提出了自己的看法。另外，在与冉求为代表的季氏的几次冲突中，如旅泰山、伐颛臾及用新赋等的过程中，孔子亦表现出他一贯的原则："君子之于天下也，无适也，无莫也，义

---

① 《论语·为政》。
② 《论语·宪问》。《左传·哀公十四年》亦载此事，文有小异。

第六章　七十而从心所欲不逾矩
——失败与荣耀

之与比。"①

孔子明确自称"七十而从心所欲不逾矩",这是他生命的最后境界和最高境界。用后儒稍嫌阿谀的口气来讲,这是孔子自认为可以为世人立法的一种表述。从孔子归鲁后的种种表现来看,他确实达到了"从心所欲"的境地。这首先是因为他自己已断绝了从政的念头,所以,哀公也罢,三桓也罢,孔子根本用不着小心翼翼地顺迎或避讳他们什么,一切均可按照自己的意愿去做、去言。其次,孔子在外流亡期间,即使是在最艰苦的时候亦绝口不向鲁国君臣主动提出回国要求,这无疑是坚持自己当初出走的合理性,也无疑是要求三桓向他认错。无论如何,孔子的这一要求实现了。他回到鲁国,以老臣的身份,"从大夫之后",加上自己的学识、人格及弟子们的影响,料想三桓对他也无可奈何。当然,从三桓来讲,孔子也不过是位无害的老"教书匠",让他随心所欲地去说教,不去惹他,姑妄听之,反而对自己的名声有益。

孔子自称"不逾矩",这是因为孔子放弃从政,专心于行教和学问之道,思想更加练达,几臻化境。所以,他的言行本身就是规矩,自然也就不存在"逾矩"的问题了。

---

① 《论语·里仁》。

遗憾的是，假如我们细心体会孔子此语的蕴意，那"从心所欲不逾矩"的断言，虽然是他奋斗一生的结晶，但其中透露出的无可奈何的悲凉情调，依然能使我们想象到这位哲人心灵深处的遗憾。他的一生，受天命的鼓舞又受天命的摆布。当他讲到正名时，曾坚持"君子名之必可言也，言之必可行也"的准则，而他本人虽然达到从心所欲的境界，但却并没有实践他的政治理想。他一心想做个政治家，但命运，或者说天命，却慢慢地把他推进了教育家和学者的行列之中。

第二节　孔子的文化贡献

（一）教育家和学者

随着一生政治追求的失败，孔子不得不把全部精力转移到文化事业上来。虽然他还不放弃对政治的关切，但关心的方式却改变了，不是参政，而是论政。这种论政又表现在两个方面，一个是毫无忌讳地抨击时弊，指点政治得失；另一个则是传达或传递古来所谓盛世的典章制度、礼乐文物，而传递的直接对象就是他后期的一些弟子。晚年的孔子，终于成了职业的教育家和学者。随后几千年，失意的政治家大多走了这条路。

第六章　七十而从心所欲不逾矩
——失败与荣耀

作为学人的孔子与儒家世传的经典是分不开的（这种关联始于十五志学），特别是与所谓的"五经"的关系，更是千古聚讼之大事。孔子与某部经典的具体而确实的内在关系，《论语》及《左传》等书并未言及，而率先确指这种关系的是力图确立儒家道统的孟子，然后是以嘲弄儒者见长的司马迁。不过，从学术史或历史发展之实际来看，这种形式的确并未起到有些人所认定的那种好作用。

孔子对待他那个时代的古代文化的总的态度是"述而不作，信而好古"①，而历代把孔子与某些经典的产生或再生联系在一起的那些人往往对孔子的这一自述注意不足、漠视有余，或作其他的解释。其实，在孔子看来，至少在他生活的那个时代，要想在实际政治中达到古来圣王的水准，尚流存的典籍文物、礼乐制度已足够从政者效法了。而那些所谓的新的制竹刑、铸刑鼎以及新颁政等，每每是僭古的，是不合理的。在此种混乱情势下，假如自己非要去"作"，尽管可以不同于僭越者的言论，尽管可以达到阐发圣贤微义的程度，但又怎能臻至滴水不漏或不致让任何人产生误解呢？

---

① 《论语·述而》。

孔子认为"辞,达而已矣"①,难道是古典中有不"达"之处吗?不是的。所以孔子只"述"而不"作",以保证古典之原旨的最大程度的确实性。但是,到了孟子的时代,孟子认为天下不归杨则归墨,自称不得不辩,其实远没有孔子豁达。显然,要论天下之乱,孔子之时并不比孟子好多少。孔子不用制造经典与自己的关系来为自己增添力量,这也许才是他真正的过人之处,而孟子的不得不辩则引起无数公案。

(二)孔子与"五经"

孟子断定孔子作《春秋》,乱臣贼子惧。其实,《春秋》问世后乱臣贼子的出现势头并未见衰。同时,说孔子作《春秋》,亦缺乏有力的证据。果真如孟子所言,如此之大事,孔子弟子竟无一人提及,良可怪也。根据当时的情形看,《春秋》作为鲁史,不过是孔子与弟子们探讨历史上政治得失是非的"教科书"中的一册而已;尽管之中有所谓"笔法"之实,但这并不能证明只有孔子一人才能掌握。

《世家》又言孔子晚年喜欢研讨《易》,以至于"韦编三绝"。孔子本人也说过:"加我数年,五十以学《易》,

---

① 《论语·卫灵公》。

第六章 七十而从心所欲不逾矩
——失败与荣耀

可以无大过矣。"① 这不仅说明孔子自认为五十岁以后有过政治上的过失，更说明晚年的孔子确实在读《易》上有不凡的收获。但是，如果因此就说孔子"序《彖》、《系》、《象》、《说卦》、《文言》"②，则是司马迁明显的演义，既不合于孔子对典籍的一向的态度，也不合于"十翼"的实际。孔子晚年喜《易》，想必这时期的弟子也会从中受益，若其中果有以《易》为终身钻研者，亦在情理之中。确定无疑的是，孔子不会是《易》的作者。

"五经"之中孔子可能与《诗》的关系要密切一些。《论语》中孔子曾多次言及《诗》，并与许多弟子进行过讨论。有些弟子，如曾子、子贡，亦曾以《诗》言理。孔子对《诗》的重视有多方面的原因，其中可能与那时政界对它的注重有关。人们每在政治对话中引用《诗》来阐明自己的看法，通晓《诗》，既是从政之必备，又是政界的时尚。《国语》曾记载孔子的一位先人正考父是《诗·商颂》的作者。孔子对《诗》早有兴趣，并且日渐精通。《诗》在当时是能吟唱的，《论语》载有孔子耐心向人学歌的故事，想必说的是孔子向

---

① 《论语·述而》。
② 《世家》。

民间人士收集《诗》之佚文佚曲的事情。至于对《诗》的看法，《论语·八佾》载孔子语云："《关雎》，乐而不淫，哀而不伤"，又载孔子对鲁大师乐的话道："乐其可知也：始作，如翕也，从之，纯如也，皦如也，绎如也，以成。"《论语·泰伯》则又载孔子语道："师挚之始，《关雎》之乱，洋洋乎盈耳哉！"早在他三十几岁时，就对三桓僭用《雍》曲而提出了严厉的批评。到了晚年，他说："吾自卫返鲁，然后乐正，《雅》、《颂》各得其所。"[①]显然也成了《诗》的权威。因此，司马迁又演绎出孔子删选《诗》的结论。事实上，孔子在世之时，他也许不能确知《诗》共有多少篇。他只说《诗》三百，思无邪。这三百篇，可能仅是以前更多的篇数的残留，亦或间有当代人的创作和收集。《诗》之所以成为现在的样子，有残有全，有断有续，完全是在与孔子不相干的历史流传中形成的。假如孔子真有将"三千"删为"三百"的功绩，弟子们是不会一言不发的。三百《诗》中，孔子可能更喜欢其中的一些，但这明显与删节无关。况且，在那个礼乐崩坏的年代，也许一篇佚《诗》都很难得，又怎能想象热爱传统文化的孔子还要去作大量的删除工作呢？

---

① 《论语·子罕》。

至于《礼》，现存的《周礼》和《礼记》很可能成于汉人之手，创作之中或有上古文献作参考，也可能是一些散失的文献的集辑。孔子屡称周公之典，显见那时周公之典尚在。要让他撇开自己崇尚的周公之典而自"作"什么"礼"，的确不符合孔子的行为准则。孔子自幼习礼知礼，但那都是已有之礼。他并不想做个僭臣，因为制礼并非他的责任，他也没有这种权力——至少他自己是这样认为的。

还有《书》，至少在《论语》中子张就当面和孔子谈论过《书》的内容，可见孔子在世时已有成书，非孔子所作。后来虽有《尚书》的今古文之争，但也很难与孔子联系上。

总而言之，"五经"都与孔门有关。如果说因为孔子的重视、倡导和研究，以及孔子弟子的传递而使某些经典更有名气、更易于流传于后世的话，那只可以说是"五经"本身的内容和历史上的一些偶然因素使它们占据了儒学史和经学史的显要位置。

第三节 子游的思想特点

（一）思孟学派的质疑

韩非"八儒"中的"孟氏之儒"，指的是先秦儒学的另一位大师孟（轲）子所创立的学派。孟子的思想不仅深刻影响了中国历代的知识阶层,而且是儒学史上的重要环节。但是,孟子学术活动的年代距孔子之卒已有百余年,显然亦无法与子思见面,他的师承,照他自己的说法是"予未得为孔子徒也,予私淑诸人也"①。很明显,如孟子的学说确实与孔子的某位弟子有直接的师承关系的话,他是不会不明说的。

司马迁说孟子"受业子思门人"②,这与孟子本人的说法似有不同。孟子有强烈的道统意识,这主要是当时百家争鸣的现实需要。但是,孟子虽竭力推崇曾子、子思,却只是强调儒家思想的来龙去脉,而没有确指儒家内部的明确的传承线索。作为孟子,主要还是靠自己的思想成就去"距杨墨、放淫辞"③的。到了唐宋,一些儒者唯恐仅靠自己的思想成就不足以抵御佛、道的冲击,所以在道统上大作文章,以致出现了所谓"曾思"和"思孟"学派的论断。就时间而言,首先将思孟联系起来的是荀子,他说:

> 略法先王而不知其统,犹然而材剧志大,闻见杂博。案往造旧说,谓之五行;甚僻违而无类,幽隐而无说,闭约而

---

① 《孟子·离娄下》。
② 《史记·孟子荀卿列传》。
③ 《孟子·滕文公下》。

无解；案饰其辞，而祗敬之曰："此真先君子之言也。"子思唱之，孟轲和之，世俗之沟犹瞀儒嚾嚾然不知其所非也，遂受而传之，以为仲尼、子游为兹厚于后世。是则子思、孟轲之罪也。①

先秦诸学派中，许多人都认为荀子一派是最狭隘者，不仅攻击非儒学说，即使在儒家内部，亦不能容忍异己。所以，荀子的所谓"非十二子"，虽然有独到之处，但往往缺乏历史意识。即以此段引文而论，他就把孟子后学的思想全部堆在孟子头上来批判。比如，讲五行的是孟子后学邹衍，孟子也并非完全主张法先王。所以，很可能是，到荀子的时代，孟子后学更强调子思的地位，因而荀子想当然地误以为有过"子思唱之，孟轲和之"的情形。其实，正如我们质疑曾思学派时曾讲过的，至少在思想上，孟子并未有承继子思的明显证据，因而也很难有思孟"学派"的成立。

（二）子游的生平和思想倾向

《弟子传》云："言偃，吴人，字子游，少孔子四十五

---

① 《荀子·非十二子》。

岁",但许多人却认为他是鲁人,很可能祖籍在吴,上几世迁至鲁,故有多种说法。他是孔子的后进弟子,在孔子看来,与子夏以文学并称。《论语·阳货》云:

　　子之武城,闻弦歌之声。夫子莞尔而笑曰:"割鸡焉用牛刀?"子游对曰:"昔者偃也闻诸夫子曰:'君子学道则爱人,小人学道则易使也。"子曰:"二三子!偃之言是也,前言戏之耳。"

武城是鲁国的一块小地方,子游为之宰,却用治理孔子心目中的以全天下为目标的理想社会的方式来治理之。子游擅长礼乐制度,但从这件事来看,孔子虽是玩笑之语,却也道出了子游文学上的特点。那就是先架构一个宏大的模式,然后再点滴履践于现实,亦即"先成其虑,及事而用之"[①]。虽不及子张的独创和激进,但也不是曾子和子夏的稳健和保守,总之,是位庄严而又不乏进取的弟子。他不仅重视礼,更看重礼之"道",所以他认为"丧,致乎哀而止"[②],表示了

---

① 《大戴礼记·卫将军文子》。
② 《论语·子张》。

哀悼之意也就可以了，而不必做出许多不实际的样子来表达哀悼之外的意义，这显然是抓住了"丧"的实质意义，与所谓"泣血三年"相比，要有更多的理智。为此，子游也受到某些同门的批评。

有人认为，子游的思想对孟子有很大的影响。特别是他的"大同"社会的论述，深刻影响了孟子的政治乌托邦的构想。因此，子游可能是影响孟子思想的几位孔子弟子之一。

（四）澹台灭明的重民思想

《论语·雍也》载：

子游为武城宰。子曰："女得人焉尔乎？"曰："有澹台灭明者，行不由径，非公事，未尝至于偃之室也。"

想见亦是一位严谨之人。澹台灭明在《论语》中仅此一见，似很难看出是否是孔子弟子。但《弟子传》云："澹台灭明，武城人，字子羽，少孔子三十九岁。"再往下的记载就有些难于理解了。"欲事孔子，孔子以为材薄。既已受业，退而修行。行不由径，非公事不见卿大夫。"观《论语》所言，显然"行不由径"之前还不是弟子，倘此时想入孔门，亦不可以

"材薄"称云，可见司马迁的说法很是混乱。《弟子传》又云："（子羽）状貌甚恶。……南游至江，从弟子三百人，设取予去就，名施乎诸侯。孔子闻之，曰：'吾以言取人，失之宰予，以貌取人，失之子羽。'"但《儒林传》却云："孔子卒后，子羽居楚"，讲的是子羽在孔子去世后才去南方的。其实，孔子在世时，弟子们是不可能招收弟子的，况孔子去世时，子羽年仅三十四岁，此之前即名施于诸侯，亦难令人相信。《弟子传》不仅在记事上缺乏条理，而且没有介绍子羽的具体思想。但是，《大戴礼记·卫将军文子》云："贵之不喜，贱之不怒。苟于民利矣，廉于其事上也，以佐其下，是澹台灭明之行也。"看来，在子羽的思想中，重民的倾向很突出，这与子游的观点很相近，所以才有二人的相交相知。把普通百姓的利益看得很重，对在位者又敢于抗衡，于此，与漆雕之儒亦有相通之处。这种作风，从根本上可以说是得之于孔子的。

第四节　子夏的学术成就

（一）子夏的生平和思想特色

子夏姓卜名商，字子夏，魏人，少孔子四十四岁，与子张、子游和曾子一起，是孔子后进弟子中的杰出者。子夏出身贫贱，

第六章 七十而从心所欲不逾矩
——失败与荣耀

孔子云其"甚短于财",为何东学于鲁,却无可考稽。据于《论语》,子夏还做过鲁国莒父之宰,这可能是入孔门前之所为,这表明他起初对政治尚有一定的兴趣,只是入孔门之后,此时的孔子专以教育为主,以至于后期弟子大多选择了学术之路。当然,也可能是子夏终于不喜从仕,主动选择了这条路。孔子卒时,子夏年仅二十九岁,孔子生前以文学称之,《论语》中又多载子夏之宏论,可见其在孔门时亦颇好学,并逐渐形成了自己的风格。但是,孔子的去世使这位外乡弟子失却了梁柱,加之与其他弟子的思想分歧,所以《弟子传》云:"孔子既殁,子夏居西河教授,为魏文侯师。其子死,哭之失明。"晚年生活的进一步的具体情形,则不可详悉了。

在学问上,子夏算是弟子中的最平和者。孔门之中,先进弟子的学立足于"行"的功夫,这与后进弟子纯学问的倾向是大有区别的。而在后进弟子中,子张立意创新,曾子偏重于自律式的反思,子游则醉心于浪漫的政治实用,唯有子夏,循规蹈矩,力图在全面把握的基础上如数继承孔子的学问,这就不免流露出一些保守的倾向。他说:"博学而笃志,切问而近思,仁在其中矣。"[①]把学和问突出了出来。具体来讲,

---

① 《论语·子张》。

子夏之学有两方面：一是日常实践之学，一是经籍之学。关于第一方面，子夏强调说："日知其所亡，月无忘其所能，可谓好学也已矣。"① 又说："贤贤易色，事父母能竭其力，事君能致其身，与朋友交言而有信。虽曰未学，吾必谓之学矣。"② 子夏对于学的这种灵活定义，颇受后人非议，以为是辞气之间，抑扬太过，有废学之倾向。其实，孔子也说过："君子食无求饱，居无求安，敏于事而慎于言，就有道而正焉，可谓好学也已。"③ 孔子之所以强调学的实践的一面，主要是针对某些弟子偏于内参式的形而上学的学问之道而发的。孔学虽不是完全的实用主义，但却以实践为其归趣。子夏深明于此，所以主张向实际生活的归拢，反对死读书与玄思式的学问，所反对的主要对象是曾子。"子夏笃信圣人，曾子反求诸己"④，道出了二子的不同。从此原则出发，子夏进一步指出，"百工居肆以成其事。君子学以致其道"⑤，这就说明，学不仅有内向的一面，更主要的

---

① 《论语·子张》。
② 《论语·子张》。
③ 《论语·学而》。
④ 《孟子·公孙丑上》。
⑤ 《论语·子张》。

第六章 七十而从心所欲不逾矩
——失败与荣耀

是它外向的一面,"致其道"才是学的目的。子夏又提出"仕而优则学,学而优则仕"①,所阐述的也是学以致道之意,但在此,子夏也强调了学对仕的制约以及仕对学的依赖。学有益于仕,但学的目的不仅仅是从仕。

(二)子夏与儒家经籍

子夏与儒家经典著作的关系亦是儒学史和经学史上的公案。司马迁首先触及孔子弟子传经的问题,并在讲到孔子弟子商瞿时,断言他是传《易》之人,并从他开始一直述说出到汉代的传经线索,这显然是无法让人相信的。儒家经典的流传,固然与孔门的重视有关,但若肯定某位弟子专传某经,则显然是把汉人的作风强加于孔门。另一方面,司马迁生于汉代,要考证那时的传经线索自然容易,也较可信,但若因此便从孔门等找源头,则明显有些牵强。

有趣的是,照汉儒的说法,大多数典籍的流传,似乎都与子夏有关。仔细想来,汉儒的说法虽不可全信,但这种倾向的发生也不是毫无原因的。子夏之学的第二方面正是读书,确切掌握经典的含义,《论语》曾载子夏与孔子讨论《诗》

---

① 《论语·子张》。

的故事，又《吕氏春秋·察传》云：

> 子夏之晋，过卫，有读史记者曰："晋师三豕涉河。"子夏曰："非也，是己亥也。夫'己'与'三'相近，'豕'与'亥'相似。"至于晋而问之，则曰"晋师己亥涉河"也。

这说明子夏对经典的掌握是多方面的。《世家》讲到孔子作《春秋》时曰："笔则笔，削则削，子夏之徒不能赞一辞"，亦可见汉儒对子夏的"文学"之地位的肯定。总之，虽说子夏并不一定是某些典籍的自觉的首任传经师，但他对经典的重视，在研究经典方面的成就，不仅丰富了"学"的意义，而且为儒家经典的传世做出了举足轻重的贡献。

（三）子夏与同门的分歧

孔子卒后不久，后进弟子间就为学问题进行了一场规模空前的论争，这是儒学史上的首次学术争鸣和学术高潮。争论各方的主要言论载于今存之《论语·子张》一篇中：

> 子夏之门人问交于子张。子张曰："子夏云何？"对曰："子夏曰：'可者与之，其不可者拒之。'"子张曰："异乎吾所闻：

君子尊贤而容众,嘉善而矜不能。我之大贤与,于人何所不容?我之不贤与,人将拒我,如之何其拒人也?"

子游曰:"子夏之门人小子,当洒扫、应对、进退,则可矣。抑末也,本之则无。如之何?"子夏闻之曰:"噫!言游过矣!君子之道,孰先传焉?孰后倦焉?譬诸草木,区以别矣。君子之道,焉可诬也?有始有卒者,其惟圣人乎?"

子游曰:"吾友张也,为难能也。然而未仁。"

曾子曰:"堂堂乎张也,难与并为仁矣。"

子夏与子张的不同是明显的,子张的宏大气势与子夏的稳扎稳打基本上是两种路数。在交友上,子张只讲大贤与不贤两类人,而子夏则还注意到中游,孔子也讲"勿友不如己者",这是强调环境对人的影响。可以看出,子夏谨守孔子之教,但在具体论述中却缺乏孔子那样的练达。孔子批评子夏"商也不及",又警告他勿为小人儒,针对的就是他那种看问题的片面性。至于子游,虽与子夏同以文学而名,但他的重点是礼乐制度,比起子夏的文物典章来,自然更灵活,更接近生活实际。所以,同是为学,子游认为却有本末之分。子夏认为:"虽小道,必有可观者焉;致远恐泥,是以君子不为也。"① 显然，子游所说的"洒扫应对"确实是子夏之门的基本功课，只是子游并不注重这种功课的重要性。孔门这四位弟子间的不同，可以形象地描述为一条线上的四个无法重合的点，子张和子夏分居两端，子游和曾子居中，曾子接近子夏，而子游则又在子张与曾子之间，所以，总的来看，子游与曾子亦不能赞同子张，都认为他的激进倾向偏离了仁之道。

值得强调的是，子张等三人对子夏的批评亦不全因于门户之见，因为子夏之学确有其内在的不足。《史记·儒林传》云："如田子方、段干木、吴起、禽滑厘之属，皆受业于子夏之伦，为王者师。"但是，田段二人后来却归于道家，吴起成为著名的法家人物，禽滑厘则成了墨家之钜子。子夏弟子的此种发展，一方面说明儒家学说无法在讲究实用的三晋扎下根来，另一方面也证明了子夏之学的不足。注意日常事物的功夫而轻视向高层次的提拔，很容易失去原初的方向。至于荀子所抨击的子夏之贱儒，"正其衣冠，齐其颜色，嗛然而终日不语"②，则更将子夏之学的流弊暴露无遗。

---

① 《论语·子张》。
② 《荀子·非十二子》。

（四）樊迟对学的疑惑

孔子弟子中有司马牛和樊迟两位弟子，在现存《论语》中与子夏有过多次交流，且都是以请教的态度出现的。司马耕字子牛，是由宋国迁来的鲁人，司马迁说司马牛多言而噪，显见亦是性格外向之人，在与孔子的交流中，孔子本着因材施教的原则进行劝导，问仁则答曰"仁者其言也讱"，问君子则曰"君子不忧不惧"，完全针对司马牛的缺点而言。

樊须字子迟，少孔子三十六岁，鲁人。前文讲樊迟曾参与哀公十一年的齐鲁之战，与冉求同事季氏，乃是一勇武之人，与子路相比，孔子在世时樊迟尚年轻，所以在各方面更欠成熟，其中最引人注目的是学稼学圃之问：樊迟请学稼，子曰："吾不如老农。"请学为圃，曰："吾不如老圃。"

樊迟出。子曰："小人哉，樊须也！上好礼，则民莫敢不敬；上好义，则民莫敢不服；上好信，则民莫敢不用情。夫如是，则四方之民襁负其子而至矣，焉用稼？"[①]

樊迟之所以有学稼之问，可能有多种用意，但最主要的

[①]《论语·子路》。

是，他以自己的质朴之心，看到在一个人人都有具体事务可做的社会里，孔子门下的这一伙人却整天在理论上花费功夫。所以，他以为与其这样白白度日，还不如去学稼学圃，庶几可以自食其力。然而，樊迟却并不知孔子的高明之处。孔子认为社会上有上下两种人，用现代术语讲，上是负责社会管理，下则负责完成具体事务。全社会的人固然不能全为上，但亦不可全为下。孔子的这种原初的社会分工思想在当时是鲜为人知的，甚至可以说是首创的，因为直到孟子的时代，尚有像许行这样的农家人物，主张所有人都通过亲自参加体力劳动去解决自己的生活问题。孔子的这种分工思想的另一重大意义，是标志着专事文化事业的知识分子的出现。所以，孔子及其弟子可以说是中国历史上第一批专业的知识分子。

第五节　"仲良氏之儒"

仲良氏之儒是韩非"八儒"之中令后人最为难解的一派儒者。学者们言及此派儒士时，每每引述孟子之语，《孟子》云："陈良之徒陈相与其弟辛，负耒耜而自宋之滕……陈相见许行而大悦，尽弃其学而学焉。陈相见孟子，道许行之言……孟子曰：'陈良，楚产也，悦周公、仲尼之道，北学于中国。北方之学者，未能或之先也。彼所谓豪杰之士也。子之兄弟事之数十年，师死而遂倍之。'"① 陈良之谓仲良，犹冉雍称仲弓等，可能是那时的称谓之常。倘陈良果是仲良，则此派儒者，当承道于孔子的某位弟子，并且陈良在世时有过辉煌的发展。陈相等归于农家，而孟子训斥陈相时又大申劳力劳心之辨，以为"劳心者治人，劳力者治于人"②，可见陈良的思想得之于孔子后进弟子，以专业知识分子之事业为务。但因陈良传道在楚，楚地却民生困顿，故其学难于生根，这样，他死后弟子们的分化也势在必然。在这点上，可能与子夏后来在三晋的遭遇有些相似。可见，纯知识的传播在那个时代还是相当困难的。

第六节 孔子弟子的分化与"中庸"原则

（一）分化的原因

我们从几个方面分析了孔子弟子的实际分化及其学术活动和成就。显然，这种分法并不见得完全符合孔子卒后孔门思想发展的实际，但却是有着相当的根据的。晚年的孔子肯

---

① 《孟子·滕文公上》。
② 同上。

定早已注意到了这种倾向，所以，他有乐观的"四科"之分。《论语·先进》又云：

> 闵子侍侧，誾誾如也；子路，行行如也；冉有、子贡，侃侃如也。子乐，"若由也，不得其死然。"

毫无疑问，孔子对弟子们的不同表现并不忧虑。在他看来，只要不乖大道，各人根据自己的材性，发展各自的才能，亦可谓殊途同归吧。

孔门出现的这种分化，其原因是极其深远而又复杂的。首先，最根本的一点是社会环境对各人的不同作用。虽然同受孔子指点，但由于各人自身条件的不同，因而收到的效果亦不同，这一点是任何人都无法控制的。

其次，孔子思想的发展过程对弟子的分化也产生了极大的影响。孔子思想由不成熟走向成熟，由积极入世变为消极厌世，由从仕转向学术。这不能不使某些弟子深感迷惑，也会使某些弟子有所侧重。比如孔门中先进后进的不同，与孔子思想的转变就有极大的关系。

第三，孔子之为人，简易之中体现深沉，平凡之中透出伟大，弟子谓之"温良恭俭让"。各国君主时而以客待之，

第六章 七十而从心所欲不逾矩
——失败与荣耀

尊敬有余；时而暗下逐客之令——所有这一切均可能使一些弟子摸不着头脑。颜回就有"瞻之在前，忽焉在后"的慨叹，而樊迟的稼圃之问，也是不能深明孔子思想之表现。

第四，孔子在教学上的启发式和因材施教的方法也影响了弟子思想之分化。《论衡·问孔篇》云：

> 孟懿子问孝。子曰："毋违。"樊迟御，子告之曰："孟孙问孝于我，我对曰毋违。"樊迟曰："何谓也？"子告之曰："生，事之以礼；死，葬之以礼。"（见《论语·为政》）
>
> 问曰：孔子之言毋违，毋违者，礼也。孝子亦当先意承志，不当违亲之欲。孔子言毋违，不言违礼。懿子听孔子之言，独不为嫌于无违志乎？樊迟问何谓，孔子乃言；使樊迟不问，毋违之说遂不可知也。

孟懿子事父不以礼，孔子采取了启发式的回答方法，孟懿子能否明白，我们不得而知，但樊迟却是理解不了的。假如孟子自以为是，觉得自己的无违于志（欲）也是孝行的话，孔子的教学方法就算是失败了，并很可能使弟子们在有关孝的看法上造成分歧。而曾子之孝就缺乏一些"礼"的折中。同样是孝的问题，较典型的还有子游、子夏等人的发问，而孔子的回答亦都有所侧重，依各人不同的情形予以不同的阐释。但这样做的不足之处是，可能使弟子们各执一端，产生分歧。比如对"仁"等重要概念，孔子亦从未下过全面的定义。当然，这在于孔子，是在运用一种不同凡响的方法，客观上并不能保证受教者完全领会。所以，我们也不是对孔子求全责备，而是当我们探究孔门弟子的分化时，不得不找寻这方面的原因。

第五，孔学中的一些难点和不足也是弟子分化的原因之一。比如在政治上，并不是所有弟子都能接受孔子的政治观，所以，有些弟子情愿终身不仕，而从政弟子中又有冉求与冉雍、宓子贱等人之间的不同。在学问上，又有子张的激进及其与子夏等人之间在为学上产生的分歧。还有，孔子充满矛盾的"天命"观，亦可能是弟子间出现分歧的原因。

（二）作为方法论的"中庸"原则

孔学中引人注目的难点之一，是对某些对语概念的把握，比如，《论语·公冶长》云：

> 子曰："吾未见刚者。"或对曰："申枨。"子曰："枨也欲，焉得刚。"

第六章 七十而从心所欲不逾矩
——失败与荣耀

　　胜物而无私谓之刚,有私则为欲;无所求谓之刚,有所求则欲矣。孔子将此两端对列而出,是力图使弟子们于"或"之中进行适中的把握。但显而易见,这之中的区分和掌握是相当难的,故孔子常对弟子们讲起。他说:"君子和而不同,小人同而不和"①,"君子矜而不争,群而不党"②。有时还是举例说明的,比如他认为"晋文公谲而不正,齐桓公正而不谲"③,这些互有联系但又互为反对的概念,可以说是差之毫厘,谬之千里,而如何准确把握这些概念,便是"中庸"之道所昭示的法门。

　　为后儒大加推崇的"中庸"之道是孔子晚年大力倡导的思想,从本质上说,它讲的是一种方法或规范。在学问之道上,它是为学之方;在日常生活中,它是行为规范;在政治追求上,它是指导原则。举例来讲,比较有说服力的是孔子对子张之"过"和子夏之"不足"的批评。孔子认为这两种不足是同样性质的错误,"过犹不及",都不符合中庸的原则。在阐述自己的学问之道时,孔子说:"吾有知乎哉?无知也。

---

① 《论语·子路》。
② 《论语·卫灵公》。
③ 《论语·宪问》。

有鄙夫问于我，空空如也，我叩其两端而竭焉。"① 叩其两端是中庸之法的另一种表述方式。孔子自言无知，但因为有"中庸"之道，一切的难题，包括鄙夫之问，他都可以解决，可见孔子对中庸之道是怎样的看重。可能是孔子晚年所收弟子，即所谓后进弟子，多数人年龄偏小，社会经验不足，所以孔子宁肯在方法上多给予指点，这样，在他们以后的事业上，虽然会没有孔子的折中，依然能不失孔门之大方向。

孔子认为中庸的原则可以调节社会生活的偏颇之处。对于人的行为，他说："不得中行而与之，必也狂狷乎！狂者进取，狷者有所不为也。"② 所谓狂狷，与过和不及是本质相同的错误。"中庸"扩展到治国之道上，孔子欣赏子产之政的"宽猛相济"的方法，正是他赞美尧时所说的"允执厥中"的最好体现，单独强调宽或猛都会导致政治上的动荡，只有相补相济的这种"中庸"式的选择才能臻治国的最佳境地。

孔子的中庸之道在哲学上的重要性是显而易见的。中庸讲的不是平分或中分，比如宽和猛，并不是讲二者一定要交替和等时使用，而是相济，如民有慢心则加重猛，有残心则

---

① 《论语·子罕》。
② 《论语·子路》。

强调宽，即要适中、适当，这是现实与策略之间的相互适应、有机调节的一种方法。

晚年的孔子已从对现实事物点滴关心的立场上走了出来，他更关心和注重一般意义上的方法论。也许他意识到了就事论事的短处，决心留给弟子们及后人一种行之有效的活的工具，而不是僵死的教条。特别是他看到弟子间日渐明朗化的思想分化时，对这一点更是倾其全力。

（三）弟子分化的意义

无论如何，弟子的分化还是不以任何人的意志为转移地发生了。对于这种分化的具体描述可以说是形形色色，但有一点是许多人所忽视了的，即孔子弟子分化的意义及弟子思想对儒学发展所做的贡献。班固说："昔仲尼没而微言绝，七十子丧而大义乖。"[①]这确实道出了孔子弟子的价值。而当孟子说"观于海者难为水，游于圣人之门者难为言"[②]时，又指出了孔子弟子继承和发展孔学的重重困难。

孔子弟子的不同取向，丰富了孔子儒学的内涵，加强了

---

① 《汉书·艺文志》。
② 《孟子·尽心上》。

这一派思想对当时社会及后来的影响。但另一方面，孔门的分歧也在一定程度上暴露出了孔学的诸多不足之处，从而为后学提出了新问题。

公正地说，没有七十子的学术努力，很难想象儒家学说会有几千年的发展，所以，首承其惠的孟子和荀子不时在他们的言论中突出孔子弟子的贡献，尽管各有侧重。因为在那时，书籍不易流传，人的主动性便显得十分重要了。可惜的是，有人往往忽视了这一点，或者只是想当然地提一下曾子、子思等有限的几位弟子。

孔子弟子是中国思想史上第一批有组织的、形成重大影向的专业知识分子集群。这对整个中国思想史的发展具有无法估量的价值。

另外一个引人深思之处是孔子弟子不同的政治立场和表现，后来几千年中国专制政治中出现的角色在孔子弟子中差不多都能找到原型。冉求之流可以说是代表了官僚化的知识分子，虽然接受过孔子理想政治的教育，所作所为却是政治家的实用主义。闵子骞、原宪代表的是看破政治迷雾的隐士。冉雍、宓子贱则代表了只能做低级官僚的儒生，怀抱孔子理想主义政治观，但无疑是屡试不通的。所幸的是，孔门中一直未出现后世所谓的奸佞之臣。

当然，如许多人指出的那样，在对孔学的传递上，似乎后期弟子的贡献尤大。特别是子张、子夏、子游和曾子这样的青年有志者，他们不遗余力的奋斗是惊人的。没有他们的努力，孔学只能有两种前途：一是湮没无闻；二是作为春秋战国诸子百家普通一家存在于思想史上。自然，我们这样讲，并没有轻视或否认孔学内在合理性的意味。

第七节 生前的失败与身后的荣耀

（一）失败者

那些可以改变思想史发展方向的思想家往往与当时的主流思想格格不入，他会受到各方面的压力，以至于有时连基本的生存权利都要受到威胁，困顿中的生活、失望甚至失败的情势更是他们的热心伴侣。当然，也许正是这种自始至终的磨难，才能使他们从一个崭新的角度认识时势，从而大有建树。孔子的一生奋斗，大抵亦合于这一普遍规律。

从孔子一生的政治追求看，他无疑是个失败者。他的政治理想没有在现实中兑现，他本人也没有过真正的机会去推行之。当然，他的教育事业是成功的，对古典文化的承传亦贡献颇多。

作为失败者的孔子,晚年的生活很复杂。一方面明知自己的政治追求已成泡影,因而不得不过着一种实质上的隐居生活;但另一方面,又有一种不甘心完全失败的意念,还要关心政事,发表政见,注意政治动向,幻想着有朝一日召之即出。

(二) 晚年生活

从现存史料上看,孔子的晚年生活似乎并无太多的亲人照料,而孔子个人的家庭生活对后人来讲也一直是个谜。确切来讲,我们对孔子的夫人几乎一无所知,《家语》称其为宋人,但其他方面,譬如为人处世、知识修养,以及最主要的,与孔子的关系如何,我们都无法知晓。甚至何时去世,都无确实的根据。从孔子的言行推测,他的家庭生活大抵不甚美满。首先,孔子从来不提自己的家庭,也很少泛论一般的家庭生活;其次,假使孔子照当时的习俗,二十岁左右成婚,那么,他婚后差不多有一半的岁月都是在外游历中度过,家中之人,特别是他的夫人,如何生活,确实令人担忧。一个重事业的人,固然不应以家为累,但孔子也是个重责任的士人,似乎也没有理由置妻室于不顾。假如从后儒所谓的修身、齐家、治国、平天下的进程来看,孔子似乎也缺乏一个必要的环节。所以我们只可以推测,或者孔子之妻早逝,或者家庭之中确实没

第六章 七十而从心所欲不逾矩
——失败与荣耀

有什么温暖。因此，一旦出门，亦是无所牵挂。孔子曾讲过，"唯女子与小人为难养也，近之则不孙（逊），远之则怨"①，如此评价女子，又不知是否与他的家庭生活经历有关。

孔子有一子一女。独子伯鱼死在孔子之前，他的女儿则嫁给了孔子弟子公冶长。这样，暮年的孔子只能在弟子们的陪伴下度日，就感情方面言之，想见其日常生活也是相当凄苦的。

（三）离开人世

伯鱼卒后不久，孔子最得意的弟子颜回也去世了。噩耗传来，孔子长叹"天丧予"，像失去了儿子一样悲痛。但不幸之事接踵而来，孔子另一位心爱的弟子子路也死在了卫国，孔子又叹"天祝予"。此二子一文一武，可谓孔子一生成就的重要象征，因此，他们的亡故，不仅使孔子在精神上备受打击，而且使他觉得自己经营一生的事业仿佛也就此完结了。虽然身旁尚有一批朝气蓬勃的后起之秀，但与颜回和子路相比毕竟差得很多。尤其是他们缺乏与孔子共患难的经历，根本无法与孔子作平等的交流，也无法全面理解孔子的内心世

---

① 《论语·阳货》。

界。

子路去世后的第二年春天,孔子一病不起,大概也无法与弟子们论学了。此时,在世的弟子中无论从年岁还是从资历上讲,子贡算是第一位的人物。他可能从政于鲁,也可能经商于外。有一天他来探望孔子:

孔子方负杖消遥于门,曰:"赐,汝来何其晚也?"孔子因叹,歌曰:"太山坏乎!梁柱摧乎!哲人萎乎!"①

唱到这里,孔子不由得老泪纵横。他并不是贪图生命,而是感伤自己的命运,感伤从此以后天下会更一日乱似一日。所以他又对子贡说:"天下无道久矣,莫能宗予。"司马迁这里的用词似乎夸张了一些,但如果说此时的孔子想到的是自己的治国安邦的政治之道未被天下所遵从的不幸结局的话,可能也并不过分。孔子虽然叹息自己的悲剧结局,但又毕竟是达观之哲人。他冷静而又幽默地迎接着死亡的到来,话锋一转,又开始安慰子贡这位追随自己多年的弟子:"夏人殡于东阶,周人于西阶,殷人两柱间。昨暮予梦坐奠两柱之间,予始殷人

---

① 《世家》。

第六章　七十而从心所欲不逾矩
——失败与荣耀

也。"① 据《世家》言,这次会面后七日孔子便溘然去世了。《列子·崇德》又言:"宣尼临没,手不释卷。"追求政治的一生,还是以书生作了了结。《左传·哀公十六年》则云:

> 夏四月己丑,孔丘卒。公诔之曰:"旻天下吊,不愁遗一老,俾屏余一人以在位,茕茕余在疚。呜呼哀哉尼父,无自律。"

此时的鲁哀公大抵在二十余岁,在三桓的威迫下度日。孔子归鲁后,同情哀公的处境,多少还能给他一些支持。所以,孔子去世后哀公便亲自来吊,哀伤之情,溢于言表。主持孔子丧礼的可能是孔门实质上的主持人子贡,伤痛之余,回想孔子在世一直不为鲁君所用,幽幽终其一生,不禁对鲁哀公大发牢骚。子贡说:"君其不没于鲁乎! 夫子之言曰:'礼失则昏,名失则愆。'失志为昏,失所为愆。生不能用,死而诔之,非礼也;称一人,非名也。君两失之。"② 其实,用与不用在于三桓,子贡板起面孔的一顿申述,只能使人更哀惜孔子的去世罢了。

---

①　《世家》。
②　《左传·哀公十六年》。

孔子的墓地在鲁城北泗水之滨，《孟子·滕文公上》云："昔者孔子没，三年之外，门人治任将归，入揖子贡，相向而哭，皆失声，然后归。子贡反，筑室于场，独居三年，然后归。"子贡于孔子在世时虽多受批评，但他毕竟还是以孔子弟子为荣，并在孔子卒后尽力维护孔子的声名。此时，子贡的表率作用亦颇令人叹服。弟子共同守丧数年，《论语》的雏形，很可能即成于此期间。

（四）身后荣耀的实质

晚年的孔子，或弥留之际的孔子，有没有想过在死后他的声名和学说能否光耀于后世呢？以情理论之，孔子晚年虽然对当政者失去信心，对自己从政的前途不抱任何希望，但他还是坚持自己的学说的正确性（这从他与哀公及三桓的对答中便可看出），而正确的东西他也相信终究会被人们所遵从的。综观孔子身后的历史，他的想法看上去是兑现了，但这种兑现的实质又是什么呢？先看《世家》的描述：

弟子及鲁人往从冢而家者百有余室，因命曰孔里。鲁世世相传以岁时奉祠孔子冢，而诸儒亦讲礼乡饮大射于孔子冢。孔子冢大一顷。故所居堂、弟子内，后世因庙，藏孔子衣冠

第六章 七十而从心所欲不逾矩
——失败与荣耀

琴车书,至于汉二百余年不绝。高皇帝过鲁,以太牢祠焉。诸侯卿相至,常先谒然后从政。

司马公所言,多半讲的是汉代的情形。事实上,对孔子的崇拜,起初是孔子弟子们的一种自发的行动,并未受到官方的重视。孔子死后几百年间,天下无宁日,无法想象有任何君主会推崇孔子的主张,这是史实。只是汉代以来,天下逐渐安定,刘氏王朝要约束民心。这样一来,在政治制度上,只能求之于知礼的儒生;在意识形态上,也只能求助于强调政治安宁的儒家学说了。虽然这种认识是一个过程,但到了董仲舒提出"罢黜百家,独尊儒术"时,这一过程总算有了明确的结果。然而遗憾的是,孔子讲安定,并不是专制压迫下的表面上的安定,而是在他的"为政以德"的前提下的安定。显然,秦皇汉武的专制权威,董仲舒的"天人合一",并不是孔子心目中的安定。这样一来,司马迁的乐观便是表面化的和肤浅的。《世家》说:

《诗》有之:"高山仰止,景行行止。"虽不能至,然心向往之。余读孔氏书,想见其为人。适鲁,观仲尼庙堂车服礼器,诸生以时习礼其家,余只回留之不能去云。天下君

孔子和他的弟子们

王至于贤人众矣，当时则荣，没则已焉。孔子布衣，传十余世，学者宗之。自天子王侯，中国言《六艺》者折中于夫子，可谓至圣矣。

司马迁本人终身抑郁，所以颇有感于孔子的一生，故而鄙视"当时则荣，没则已焉"的帝王将相，而推崇布衣孔子的师表地位。其实，无论历代君王如何倡导儒学，加封孔子，大肆渲染"衍圣公"，都不过是为他们装点门面；所标榜之"至圣先师"，也不过是学术政治化的产物。有人也许要为董仲舒之属辩解，说政治的一统与思想的一统理应相伴而行。但发人深省的是，在这种伴随之中，孔学却失去了它的真面目。而那些所谓的儒学大师，时而儒佛掺杂，时而儒道并举，时而舞弄八股，时而倾心考据，还发明了道学、理学、心学、实学等名目，其实是愈演愈繁，愈走距孔子之学愈远。

晚年的孔子似乎预料到了这种倾向，特别是从弟子们的分歧中看出了他的学说可能遇到的困境和受到的歪曲，所以他避免有意去建造什么体系。他更倾向于为弟子、为后人提供一种做人乃至治国的方法论，一些基本必需的原则，而并不要求他们模仿他的具体的言语举动。

孔子希望自己的学说能有益于后世，他不想成神，而是

第六章　七十而从心所欲不逾矩
——失败与荣耀

更喜欢人世的生活。因此，且不说孔子儒学的黄金时代在孔子身后从未出现过，即使为某些人有意制造出来了，也不是孔子所期望的荣耀。

孔子及孔子弟子年表

公元前551年(周灵王二十一年、鲁襄公二十二年),孔子1岁。十月二十七日(夏历八月二十七日),孔子生于鲁国陬邑昌平乡(今山东曲阜东南尼山附近)。

公元前550年(周灵王二十二年、鲁襄公二十三年),孔子2岁。孔子母亲颜征在携孔子移居鲁国都城曲阜。

公元前549年(周灵王二十三年、鲁襄公二十四年),孔子3岁。孔子父亲叔梁纥卒,葬于防地(今曲阜东25里之防山)。

公元前547年(周灵王二十五年、鲁襄公二十六年),孔子5岁。【弟子秦商(字子丕)生。】

公元前546年（周灵王二十六年、鲁襄公二十七年），孔子6岁以后。

儿童时代的孔子经常以演习传统礼仪为嬉戏。

【弟子曾点（字皙）生，曾参之父。】

公元前545年（周灵王二十七年、鲁襄公二十八年），孔子7岁。

【弟子颜无繇（字季路，颜回之父）生。】

公元前543年（周景王二年、鲁襄公三十年），孔子9岁。

【弟子冉耕（字伯牛）生。】

公元前542年（周景王三年、鲁襄公三十一年），孔子10岁。

【弟子仲由（字子路）生。】

公元前540年（周景王五年、鲁昭公二年），孔子12岁。

【弟子漆雕开（字子若）生。】

公元前537年（周景王八年、鲁昭公五年），孔子15岁。

孔子自称"十有五志于学"。

孔子和他的弟子们

公元前536年（周景王九年、鲁昭公六年），孔子16岁。
【弟子闵损（字子骞）生。】

公元前535年（周景王十年、鲁昭公七年），孔子17岁。
孔子母亲颜征在卒。孔子不知父亲叔梁纥墓地，葬其母于五父之衢。后得知父墓所在，乃将父母合葬于防。
鲁国当权的大家族季氏设宴招待士人，孔子前往，被季氏的管家阳虎拒之门外。

公元前532年（周景王十三年、鲁昭公十年），孔子20岁。
孔子居宋，考察殷代礼制，与宋国亓官氏女成婚。(《孔子家语》谓孔子成婚在19岁。)

公元前531年（周景王十四年、鲁昭公十一年），孔子21岁。
【孔子之子孔鲤（字伯鱼）生。弟子孟懿子、南宫敬叔生。】
大约此后数年，孔子在鲁国担任季氏委吏（仓库保管员）、乘田（牧场管理员）等职。

公元前525年（周景王二十年、鲁昭公十七年），孔子27岁。
孔子问官于郯子，学琴于师襄子。

公元前522年（周景王二十三年、鲁昭公二十年），孔子30岁。孔子自称"三十而立"，开始了独立思考，并发表政见。齐国宗鲁死于政治事变，孔子学生琴张打算前去吊问，孔子止之。郑国政治家子产卒，孔子闻之，为之流涕，称子产为"古之遗爱"。

【弟子冉雍（字仲耕）、冉求（字子有）、宰予（字子我）、商瞿（字子木）等生。】

公元前521年（周景王二十四年、鲁昭公二十一年），孔子31岁。

【弟子颜回（字子渊）、宓不齐（字子贱）、巫马施（字子期）、高柴（子羔）等生。】

公元前520年（周景王二十五年、鲁昭公二十二年），孔子32岁。

【弟子端木赐（字子贡）生。】

公元前518年（周敬王二年、鲁昭公二十四年），孔子34岁鲁国孟僖子卒，临终时嘱其子孟懿子和南宫敬叔师从孔子学礼。他们是有明确记载的孔子的首批弟子。

【弟子有若（字子有）生。】

公元前 517 年（周敬王三年、鲁昭公二十五年），孔子 35 岁。
鲁昭公被季氏逼迫出亡。此后不久，孔子离开鲁国，率若干弟子到齐国游仕。

公元前 516 年（周敬王四年、鲁昭公二十六年）以后，孔子 36 岁以后。
孔子居齐，做高昭子家臣，有齐景公问政，及"闻《韶》乐"，又到附近的杞国（淳于国）考察夏代礼制。齐侯欲以尼溪封孔子，因晏婴反对而作罢。

公元前 515 年（周敬王五年、鲁昭公二十七年），孔子 37 岁。
【弟子原宪（字子思）、樊须（字子迟）生。】

公元前 513 年（周敬王七年、鲁昭公二十九年），孔子 39 岁。
晋国赵鞅铸刑鼎，孔子闻之，批评其"失度"。

公元前 512 年（周敬王八年、鲁昭公三十年），孔子 40 岁。
孔子自称"四十不惑"，在齐国的经历坚定了他的政治信念。
【弟子澹台灭明（字子羽）生。】

公元前511年（周敬王九年、鲁昭公三十一年），孔子40岁。
【弟子陈亢（字子禽）生。】

公元前510年（周敬王十年、鲁昭公三十二年），孔子42岁。
鲁昭公卒于晋国乾侯。次年，鲁昭公之弟继位，为鲁定公。
鲁昭公在外流亡期间，孔子大部分时间亦在齐国，或以齐国为中心，在齐国周围地区活动。齐景公不能任用孔子，更有齐大夫意欲加害孔子，孔子只好返鲁。途中，路过赢、博之间，参观吴公子札为其子举行的葬礼。
孔子此次返鲁后，至鲁定公九年（前501年）一直贫居不仕，主要从事早期的教学和思想文化研究，弟子弥众。

公元前509年（周敬王十一年、鲁定公元年），孔子43岁。
【弟子公西赤（字子华）生。】

公元前507年（周敬王十三年、鲁昭公三年），孔子45岁。
【弟子卜商（字子夏）生。】

公元前506年（周敬王十四年、鲁昭公四年），孔子46岁。
【弟子言偃（字子游）生。】

孔子和他的弟子们

公元前 505 年（周敬王十五年、鲁昭公五年），孔子 47 岁。
【弟子曾参（字子舆）生。】

公元前 503 年（周敬王十七年、鲁定公七年），孔子 49 岁。
季氏家臣阳虎（《论语》称"阳货"）专权，要求孔子出仕，孔子口头应诺，但并无行动。
【弟子颛孙师（字子张）生。】

公元前 502 年（周敬王十八年、鲁定公八年），孔子 50 岁。
阳虎阴谋作乱，欲以武力夺取鲁国政权，其同党公山不狃（《论语称"公山弗扰"）欲占据季氏封地费邑，以军事力量作外应。公山召孔子，孔子欲往，弟子子路不悦，孔子虽有辩说，但终未赴往。
六月，阳虎作乱失败，孔子受当权的"三家"邀请，开始从政，故孔子自称"五十知天命"，认为到了实现其政治抱负的时候。

公元前 501 年（周敬王十九年、鲁定公九年），孔子 51 岁。
孔子任中都宰，即鲁国首都曲阜的行政首长。

公元前 500 年（周敬王二十年、鲁定公十年），孔子 52 岁。孔子任鲁国司空，不久改任大司寇。陪同鲁定公在夹谷会见齐侯，取得对齐国的外交胜利，史称"夹谷之会"。此后，即在鲁国开始进行大刀阔斧的政治改革。

公元前 498 年（周敬王二十二年、鲁定公十二年），孔子 54 岁。孔子劝说三家接受"堕三都"，并由子路具体实施，但最终由于"三家"的反悔，"堕三都"半途而废，子路因此失去季氏宰的职位，孔子也受到"三家"的冷落和排挤。

公元前 497 年（周敬王二十三年、鲁定公十三年），孔子 55 岁。鲁国举行郊祭，未将理应分发给大夫的祭肉送给孔子。孔子眼见在鲁国的从政已经再无前途，即带领部分弟子出国游仕，先到卫国，然后遍访中原诸国，史称"周游列国"。

公元前 496 年（周敬王二十四年、鲁定公十四年），孔子 56 岁。卫灵公无道，卫国政治由其夫人南子左右。为了在卫国立身，孔子"见南子"，子路不悦。

孔子和他的弟子们

公元前 495 年（周敬王二十五年、鲁定公十五年），孔子 57 岁。
孔子在卫国。
五月，鲁定公卒，鲁哀公即位。

公元前 494 年（周敬王二十六年、鲁哀公元年），孔子 58 岁。
孔子在卫国虽然生计无忧，但却得不到任用，只好离开卫国，到他国寻求从政机会。期间曾多次遭遇困顿，如赴陈国时途经匡邑，被匡人所拘；后来经过蒲邑，又被蒲人拦截，等等。晋国的佛肸据守中牟叛乱，召请孔子，孔子欲往，子路不悦，终未行。孔子也曾想到去晋国，可走到黄河边时，孔子听说晋国执政大夫赵鞅杀害了两位贤人，深感失望，只好又回到卫国。

公元前 493 年（周敬王二十七年、鲁哀公二年），孔子 59 岁。
卫灵公卒，太子蒯聩与其子卫出公上演父子争位。虽然孔子也受到了卫出公的礼遇，但卫国终究不是孔子从政的理想之地，所以，孔子不得不再次离开卫国。此后，孔子一行人先后到过陈国、曹国、郑国和宋国。在宋国，由于孔子对宋司马桓魋有所批评，司马桓魋就打算加害孔子，使孔子不得不微服潜行，离开宋国。

公元前492年（周敬王二十八年、鲁哀公三年），孔子60岁。鲁国执政的季桓子卒，其子季康子继位执政。季桓子临终前，嘱咐季康子要把孔子召请回国。季康子也是孔子弟子之一。孔子居陈。他听到鲁国的祖庙发生火灾的消息，就分析说是烧毁了鲁桓公和鲁僖公之庙。孔子的预言不久之后得到证实，这使陈闵公十分敬服孔子。孔子还辨认出一支古箭为上古肃慎氏的贡矢，并讲述了它和陈国始祖的关系，这使陈国君臣更加敬佩孔子，就请孔子做陈侯的文化顾问。

此时的孔子离开鲁已经有五六年，在中原地区历经各种磨难，所以自称"六十而耳顺"，即可以接受各方面的意见。

颜回死于孔子求仕各国的旅途中。此前，孔子的儿子伯鱼也死在旅行途之中。

公元前489年（周敬王三十一年、鲁哀公六年），孔子63岁。孔子接到楚昭王的邀请，动身赴楚，不料刚过楚国边界，楚昭王突然死去，孔子只好回返。

公元前488年（周敬王三十二年、鲁哀公七年），孔子64岁。孔子离开楚国，路过蔡国。此时，楚国正在进行灭亡蔡国的战争，孔子一行又遇困厄，幸有楚国的将军叶公久慕孔子之名，把孔子接到他的驻守之地负函,并与孔子及其弟子多次谈论时政及一般性的政治问题。

在楚、蔡期间,孔子多与楚国的一些有名的隐士接触。孔子本人则数次重病,几乎丧命。

公元前486年(周敬王三十四年、鲁哀公九年),孔子66岁。由于楚地不能久留,孔子又回到卫国。卫出公曾有意任用孔子,孔子与卫国权臣孔文子亦多有往还。在最后回到鲁国之前的几年中,孔子一直生活在卫国。孔子的后期弟子,有许多人就是在孔子这一时期的游仕历程中汇聚而来的。

公元前485年(周敬王三十五年、鲁哀公十年),孔子67岁。冉求应季康子之召回到鲁国,任季氏宰。临行前,子贡叮嘱冉求,要设法尽快使孔子回国。

孔子夫人亓官氏卒。

公元前484年(周敬王三十六年、鲁哀公十一年),孔子68岁。齐国军队攻伐鲁国,鲁军在曲阜城郊应战,大获全胜,冉求立有大功,受到季氏进一步的信任。乘此机会,冉求要求季康子邀请孔子回国,季康子应允。

在卫国，一向被孔子看重的孔文子假公济私，准备动用军队泄私愤，并就此事请求孔子的意见，孔子不悦。恰好鲁国派人迎请孔子，孔子便结束了十多年的流浪，回到鲁国。

季康子推行新的田赋制度，派冉求征求孔子的意见，受到孔子批评。

公元前483年（周敬王三十七年、鲁哀公十二年），孔子69岁。

季康子将新的田赋制度付诸实施，孔子认为冉求起了推波助澜的作用，愤然批评冉求"非吾徒也"。

五月，鲁昭公夫人孟子卒，孔子前去吊问，并讥刺季氏不知礼。十二月，鲁国出现蝗灾，季康子就此访问孔子，孔子认为这不是反常的自然现象，而是司历者算错了时间，委婉批评季氏的用人不当。

公元前482年（周敬王三十八年、鲁哀公十三年），孔子70岁。

在冉求的帮助下，季氏多有僭越礼仪之举，如旅泰山、伐颛臾等，对此，孔子都有公开的批评。孔子自称"七十而从心所欲不逾矩"，既是对僭越礼仪者的批判，也是对自己一生修养的肯定。

孔子和他的弟子们

公元前481年（周敬王三十九年、鲁哀公十四年），孔子71岁。春季，权臣叔孙氏西狩获麟，以为不祥，孔子却不以为然。六月，齐国陈成子弑杀齐简公，孔子要求鲁国武装干预，鲁哀公无权决定，"三家"则不同意。

公元前480年（周敬王四十年、鲁哀公十五年），孔子72岁。在卫国从政的子路死于卫国的内乱。消息传来，孔子格外悲痛，亲自为子路祭奠。遭此沉重打击，孔子一病不起。

公元前479年（周敬王四十一年、鲁哀公十六年），孔子73岁。四月十一日（夏历二月十一日），孔子病故。弟子们举行了庄重的葬礼，把孔子葬在曲阜城北水泗之滨。他们都为孔子守丧三年。其后，子贡又守墓三年。鲁人和孔子的一些学生相继在孔墓附近筑室为家，逐渐形成一个聚落，称为孔里。孔子的故宅被鲁国公室保留，作为孔庙以奉祠孔子，这也是后世孔庙和孔府的前身。

出版后记

中华文明源远流长。在漫长的历史岁月中,我们中华民族创造了辉煌灿烂的文化成就,践行着自己朴素而真诚的人生和社会理想,追寻着具有鲜明特色的伦理价值和审美境界,展示出丰富、生动、深邃的思想智慧。在很长一段时间内,中国文化在世界文明体系中居于领先地位,其影响力和感染力无比强大,从而在铸就中华民族独特灵魂的同时,也为人类文明的发展和进步作出了重要的贡献。

明清之际,由于复杂的原因,中国社会没有能够有效地完成转型,逐步走向封闭和衰落。鸦片战争的失败,更使中国面临数千年未有之变局,使中华民族沦入生死存亡的艰难境地。为了救国于危难,当时的仁人志士自觉不自觉地把目光投向西方,投向西学,并由此对中国传统文化进行了激烈的批判。从洋务运动、戊戌变法,一直到五四新文化运动,在近代中国救亡图存的历史语境中，传统文化的观念和形态，常常被贴上落后、愚昧的标签，乃至被指斥为近代中国衰落和灾难的祸根，就连汉字和中医这样与国人生命息息相关的文化形态，也受到牵连和敌视，被列入需要废除的清单。对本民族文化的这种决绝态度，在世界各民族的历史上都是罕见的，它既反映了我们中华民族创新发展的非凡勇气，也从一个重要侧面，印证了中华传统文化的顽强和深厚。

今天，历史已经走进21世纪，我们中华民族经过不懈的努力和奋斗，迎来了快速发展的良好机遇，国家强盛、民族复兴的曙光就在前方。在这样的时候，在这样的历史背景下，重温我们民族的辉煌、艰难历史，重新认知我们民族的优秀文化和高贵传统，不仅是一种自然的趋势，也是一项庄严的历史使命。理由很简单，我们中华民族要在全球化的背景下真正实现伟大复兴，必须具有足够的凝聚力和创造力，必须具有强烈的自尊心和自信心，而这一切，离不开对本民族优秀文化基因的认同和感念，离不开对优秀传统的继承和弘扬。从这个意义上说，中国传统文化是不绝的源泉，是清新而流动的活水。我们组织出版《中国文化经纬》系列丛书，正是为了汲取丰富的精神滋养，激发我们前行的力量。

本书系计划出版100卷，由著名的中国文化书院组织编

出版后记

写，内容涵盖中国传统文化的各个方面和层级，涉及文学、历史、艺术、科学、民俗等多个领域，力求用通俗易懂的语言，用较少的篇幅，使广大读者对中国历史文化有较为全面的认识，对中国精神和中国风格有较为深切的感受。丛书的作者均为国内知名专家，有的是学界泰斗，在国内外享有盛誉，他们的思想视野、学术底蕴和大家手笔，保证了丛书的学术品质和精神品格。

这是一套规模宏大、富有特色的中国传统文化读本，这是专家为同胞讲述的本民族的系列文明故事，我们期待您的关注和阅读，也等待您的支持和批评。

中国书籍出版社

2015 年 9 月

中国文化经纬·第一辑

从黄帝到崇祯：二十四史 / 徐梓 著
华夏文明的起源 / 田昌五 著
孔子和他的弟子们 / 高专诚 著
老子与道家 / 许抗生 著
墨子与墨学 / 孙中原 著
四书五经 / 张积 著
宋明理学 / 尹协理 著
唐风宋韵：中国古代诗歌 / 李庆 武蓉 著
易学今昔 / 余敦康 著
中国神话传说 / 叶名 著

中国文化经纬·第二辑

敦煌的历史与文化 / 宁可 郝春文 著
伏尔泰与孔子 / 孟华 著
利玛窦与徐光启 / 孙尚扬 著
神秘文化的启示：纬书与汉代文化 / 李中华 著
中国古代婚俗文化 / 向仍旦 著
中国书法艺术 / 陈玉龙 著
中国四大古典悲剧 / 周先慎 著
中国图书 / 肖东发 著
中国文房四宝 / 孙敦秀 著
中印文化交流史 / 季羡林 著